Windows®
98/Me
para
todos

Jaime A. Restrepo

Windows® 98/Me para todos

Jaime A. Restrepo

RANDOM HOUSE
ESPAÑOL
NUEVA YORK

Publicado por Random House Español, una división del Random House Information Group, 280 Park Avenue, New York, NY 10017, USA, y afiliada del Random House Company. Fue publicado por primera vez en 1999 por la casa editorial Random House, Inc., bajo el título *Windows 95/98™ para todos*. Copyright © 1999 por Jaime Restrepo.

Random House, Inc., Nueva York (Estados Unidos); Toronto (Canadá); Londres (Reino Unido); Sydney (Australia); Auckland (Nueva Zelanda).

www.rhespanol.com

RANDOM HOUSE ESPAÑOL y su colofón son marcas registradas del Random House Information Group.

Edición a cargo de Richard Goodman

Diseño de la cubierta por Sophie Chin

ISBN 0-375-71966-0

Segunda edición

Impreso en los Estados Unidos de América

10 9 8 7 6 5 4 3 2 1

Contenido

Dedicatoria

Este libro está dedicado a la memoria de mi padre, el profesor Luis Heberto Restrepo, gran maestro y bibliómano impenitente, quien luchó siempre por inculcar en sus hijos y en sus alumnos su amor por los libros y su inagotable curiosidad intelectual.

Desgraciadamente, su vida se apagó antes de que pudiera disfrutar de los avances de esta nueva tecnología y así comunicarse con sus hijos y nietos a través del Internet. Pero sus descendientes lo recordamos siempre que aparece en nuestras pantallas un enlace que nos lleva a otro sitio del planeta y nos descubre un nuevo milagro de la tecnología o de las ciencias.

Palabras del autor

Hace unos años, mientras trabajaba como vendedor de equipos para computadoras, empezaba a estudiar y a adentrarme en el fascinante mundo cibernético, me percaté de la cantidad de libros para computadoras en inglés y de la escasez total de manuales y textos en español. Esto a pesar de vivir en un condado con cerca de cien mil habitantes de habla hispana.

Por esa razón, después de un tiempo y con el apoyo de ese gran escritor que se llama William F. Buckley Jr. y el respaldo valiosísimo de Random House, me di a la tarea de crear una guía de computadoras que sirviera como punto de partida para aquellas personas de habla hispana que, por un motivo u otro, prefieren leer en español.

El libro que ahora tienen en sus manos es la tercera obra que nació de mi idea original, y espero sinceramente que les ayude a navegar por el extenso mar de esta nueva tecnología, mientras se adaptan a su nuevo país y adquieren suficiente confianza para desempeñarse en el idioma inglés.

Este libro le será útil para usar todas las diferentes versiones del sistema operativo Windows. Usando este libro aprenderá acerca de las diferentes partes de una ventana de Windows, el uso de los archivos, el uso de archivos, como usar el Internet, y como usar programas en general.

Es importante notar que este libro, a pesar de haber sido escrito para hispanohablantes residentes en los Estados Unidos, puede tener la misma utilidad para personas que viven fuera de este país y cuya lengua materna es el español.

También quiero recordarles a aquellas personas que desean familiarizarse más con los diferentes componentes de una computadora personal del tipo IBM PC que lo pueden hacer, consiguiendo mi primer libro, *De DOS a Windows*. Éste trata más a fondo la relación de los archivos con las unidades de almacenamiento y muchos otros temas indispensables para aquellas personas que se inician en el mundo de las computadoras.

En enero de este año salió a la venta mi segundo libro, *Internet para todos*, publicado así mismo por Random House, el cual describe, paso a paso, los diferentes procedimientos para utilizar el Internet, la maravillosa tecnología que está revolucionado el mundo moderno a principios del nuevo milenio.

En el futuro, tal vez les sea posible encontrar más libros sobre manejo de computadoras en español, como por ejemplo uno acerca de las redes ("Networks") u otro acerca del programa Microsoft Office 97 para Windows®.

Por ahora, espero que disfruten este libro.

Jaime A. Restrepo
http://www.windowsparatodos.com

El sistema operativo Windows

1

El sistema operativo Windows®

La compañía Microsoft habló por primera vez del sistema operativo Windows® para computadoras personales del tipo IBM en noviembre del año 1983, y éste salió a la venta por primera vez en noviembre del año 1985, lo que se puede considerar la primera versión de Windows®.

Windows® está basado en la idea de un "GUI," o sea, un sistema gráfico que permite al usuario usar la computadora colocando el indicador (que representa la posición del ratón, o "mouse," en el área de trabajo) sobre una serie de ventanas y haciendo clic.

La siguiente gráfica representa el área de trabajo en Windows® 98. Como puede ver, hay varios programas abiertos. Ésta es la idea principal de Windows®: la de poder trabajar con varios programas simultáneamente.

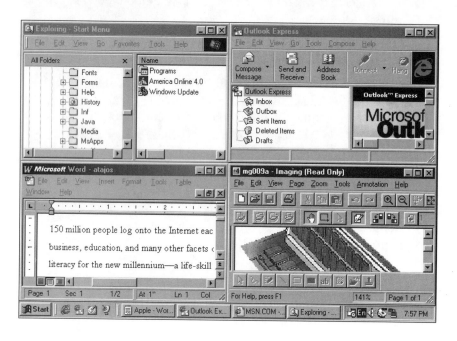

Equipo necesario para usar uno de estos dos sistemas operativos

Por lo general se puede decir que mientras mejor sea su computadora, más le permitirá usar uno de estos dos sistemas operativos con la menor demora. Windows Me, por ser un sistema operativo más avanzado que el de Windows 98, requiere una computadora un poco mejor que la versión anterior.

La siguiente es el tipo de equipo mínimo que se recomienda para usar uno de los siguientes sistemas operativos:

Para Windows® 98

486 DX/66

32 MB de RAM

250 MB de espacio libre en el disco duro

Para Windows® Me

Pentium 150 MHz o mejor

32 MB de RAM

550 MB de espacio libre en el disco duro

Composición de una ventana de Windows® 95/98/Me/2000

La ventana es uno de los elementos básicos en un sistema operativo como el de Windows; ésta puede contener un programa gráfico, un procesador de palabras, o puede ser la ventana adecuada para guardar un archivo.

El siguiente recuadro muestra una ventana típica del sistema operativo Windows® 95/98/Me.

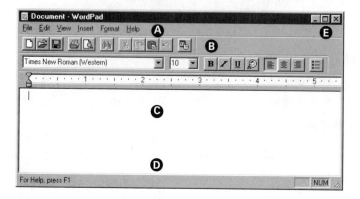

Guíese por la gráfica anterior para ver los diferentes elementos de una ventana:

A El menú de funciones. Se puede usar colocando el indicador a "File" (archivo) o a cualquiera de los nombres a la derecha de éste.

B Las barras de herramientas. Éstas le permiten efectuar algunas funciones, como por ejemplo imprimir.

C El área de trabajo, o "Desktop". Este es como un escritorio virtual.

D Las barras de mover de lugar documentos que se encuentran en el área de trabajo, o "Scroll Bars".

E Los controles para esconder, aumentar (restaurar) o cerrar un programa.

La barra de menús

Éste se utiliza colocando el indicador sobre cualquiera de los nombres que aparecen en la parte superior de una ventana y haciendo clic. Este menú también se puede usar con la combinación de teclas ALT+F y las flechas en el teclado. Algunos de los nombres en este menú de funciones pueden cambiar un poco de programa a programa.

La siguiente gráfica representa el barra de menús. Utilizando este menú es posible realizar la mayoría de las funciones necesarias para usar un programa para Windows® 98/Me.

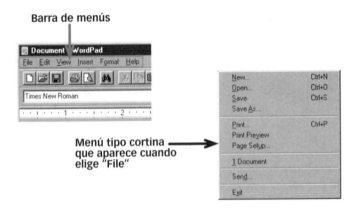

Cuando coloque el indicador sobre uno de los nombres en el barra de menús, guíese por la gráfica anterior a la derecha; en ella verá el menú tipo cortina, o "Pull Down Menu". Éste le presenta funciones adicionales, como por ejemplo guardar un archivo.

Introducción a Windows® Me (Millennium Edition)

Windows® Me (Millennium Edition) es la última versión del sistema operativo Windows para la casa, cuya versión anterior fue Windows® 98. Este sistema operativo contiene mejorías en el área de integración con los dispositivos de multimedia, como por ejemplo las cámaras digitales y las tarjetas de televisión.

La siguiente gráfica muestra el escritorio virtual de Windows® Me (Millennium Edition).

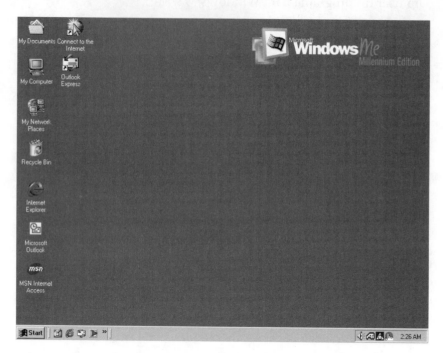

Como puede ver en la gráfica anterior los símbolos en el escritorio virtual de Windows® Me han cambiado un poco de diseño comparados con los símbolos del escritorio virtual de Windows® 98.

Funciones nuevas en Windows® Me

Esta versión de Windows ofrece muchas mejorías a la versión Windows® 98, especialmente en el área de conectividad con dispositivos de multimedia como son las cámaras digitales.

Éstas son las mejorías visibles de Windows® Me sobre las versiones anteriores:

- La habilidad de restaurar el sistema operativo a una configuración previa, con "System Restore".

- Mejor soporte para cámaras digitales y digitalizadores, con el "Scanner and Camera Wizard".

- Mas juegos que en versiones anteriores, en Windows® Me encontrará once juegos, algunos de estos incluso se pueden usar a través del Internet contra otros jugadores.

- Le facilidad de mantener una computadora funcionando óptimamente, con el "Maintenance Wizard".

- La habilidad de compartir una conexión al Internet por medio de una línea telefónica, ADSL o un módem de cable con "Internet Connection Sharing".

NOTA

A pesar de que técnicamente este sistema operativo reemplaza a Windows 98, por haber salido después de este, es posible que Windows 98 permanezca a la venta por mucho tiempo ya que Windows Me no funciona en computadoras con procesadores con velocidad de reloj menor a una Pentium 150 MHz.

Componentes adicionales en Windows® Me

Comparada con la versión de Windows® 98 la versión de Windows® Me cuenta con una serie de componentes adicionales, que le ayudan a mejorar la experiencia de usar los dispositivos de multimedia y también de proteger el trabajo que hace en la computadora.

Estos son los componentes adicionales en Windows® Me:

- Grupo de accesorios, contiene dos componentes adicionales;
  - "Scanner and Camera Wizard"
  - "Synchronize"
- Grupo de diversión o "Entertainment" contiene un componente adicional;
  - Windows Media Player versión 7
- Grupo de juegos o "Games" contiene seis juegos adicionales;
  - Internet Backgammon
  - Internet Checkers
  - Internet Hearts
  - Internet Reversi
  - Internet Spades
  - Spider Solitaire
- Grupo de herramientas para usar el sistema, contiene un componente adicional;
  - "System Restore"

NOTA

Uno de los componentes adicionales mas útiles incluidos en este sistema operativo es el programa de restaurar el sistema operativo o "System Restore", este le permite guardar información acerca de la configuración de una computadora, esta después se puede usar para restaurar una computadora a una configuración previa.

La barra de herramientas o "Toolbar"

Las barras de herramientas le permiten realizar algunas de las funciones más comunes para usar un programa con sólo colocar el indicador sobre uno de los símbolos que las componen y hacer clic. De esta manera puede crear, guardar, abrir y realizar otras funciones simplemente haciendo clic en el símbolo correspondiente.

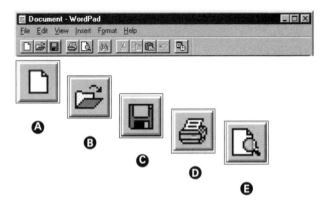

La gráfica anterior ilustra una barra de herramientas con los símbolos de mayor uso en un programa para Windows® 98/Me. El siguiente es el uso de estos símbolos:

Ⓐ Use este símbolo para crear un archivo nuevo.
Ⓑ Use este símbolo para abrir un archivo.
Ⓒ Use este símbolo para guardar un archivo.
Ⓓ Use este símbolo para imprimir un documento.
Ⓔ Use este símbolo para ver cómo su documento saldrá en su impresora.

Los controles para minimizar, maximizar o cerrar un programa

Estos se utilizan para trabajar con ventanas, para hacer que ocupen mayor o menos espacio de la pantalla y para cerrar una ventana. Para usar estos controles sólo coloque el indicador a uno de los siguientes símbolos y haga clic sobre él.

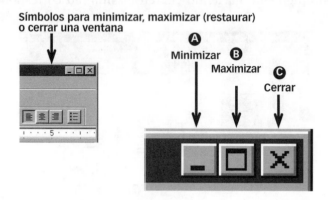

Símbolos para minimizar, maximizar (restaurar) o cerrar una ventana

Ⓐ Minimizar Ⓑ
Maximizar Ⓒ
Cerrar

Guíese por la gráfica anterior para trabajar con estos controles de la siguiente manera:

Ⓐ Para minimizar un programa, coloque el indicador sobre el símbolo de — y haga clic sobre él. Para hacer que este programa, que todavía se puede ver en la barra de tareas, reasuma su tamaño anterior, haga clic sobre su nombre en la barra de tareas.

Ⓑ Para que una ventana ocupe mayor espacio en la pantalla, coloque el indicador sobre el símbolo ❏ y haga clic. Para hacer que esta ventana tome su posición anterior, haga clic sobre el símbolo que aparece como una ventana doble. Colocar el indicador sobre la barra azúl de arriba de un programa y hacer clic dos veces realiza la misma función que hacer clic sobre este símbolo.

Ⓒ Para cerrar una ventana (ésta por lo general contiene un programa), coloque el indicador sobre la X, y haga clic.

Barras para cambiar la posición de un documento en el área de trabajo

Si está trabajando con un documento de muchas páginas, o con uno muy ancho para la ventana del programa que está usando, y éste parece tener partes escondidas, verá las barras de cambiar la posición de documentos en el área de trabajo.

La siguiente gráfica representa las barras de enrollar dentro del área de trabajo.

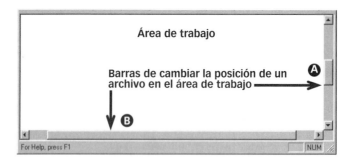

Guíese por la gráfica anterior para aprender a usar estas barras de la siguiente manera:

Ⓐ Esta barra le permite adelantar una página o regresar a una página anterior. Para usarla, coloque el indicador sobre esta guía y sostenga el botón izquierdo del ratón mientras la arrastra hacia arriba (para ver la primera página de un archivo), o hacia abajo (para ver la última página de un documento). En este caso, también puede usar las teclas PAGE UP para regresar una página y PAGE DOWN para adelantar una página.

Ⓑ La barra de abajo sirve para mover objetos de lado a lado. Para usarla coloque el indicador sobre esta barra, sostenga el botón izquierdo sobre ella y arrástrela hacia el lado que desée.

En este ejemplo puede ver cómo desplegar la información, si coloca el indicador sobre la esquina inferior derecha, representada como el símbolo de una flecha apuntando hacia afuera, y hace clic poco a poco, puede cambiarla de posición en la pantalla del documento con el cual está trabajando.

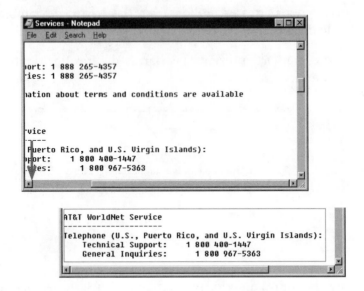

En la gráfica de la parte superior puede ver cómo usar las barras para mover documentos que ocupan toda la pantalla en el área de trabajo, o "Desktop".

En las gráficas anteriores puede ver claramente cómo, si abre un documento y una parte de éste está escondida, puede verlo moverlo utilizando estas barras.

Otra manera de usar estas barras es la siguiente: coloque el indicador sobre ellas, sostenga el botón izquierdo del ratón y muévalas de un lado a otro según sea la parte del documento que desee ver.

Opciones disponibles cuando una ventana se toma toda la pantalla

La siguiente gráfica ilustra cómo usar el menú de minimizar o maximizar el tamaño de una ventana. Para abrir este menú coloque el indicador sobre la esquina, señalada por la flecha, y haga clic una vez. Si hace clic dos veces, cerrará la ventana con la cual está trabajando.

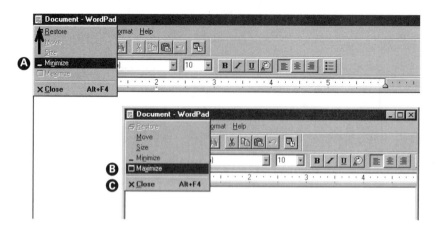

Guíese por la gráfica anterior para aprender cómo minimizar o maximizar una ventana usando el menú de cortina de la izquierda:

A Si la ventana que está usando ocupa toda el área de trabajo, abra este menú, coloque el indicador sobre "Minimize" y haga clic, para minimizar el tamaño que esta ventana ocupa en el área de trabajo.

B Si la ventana está tomando sólo una parte del área de trabajo, abra este menú, coloque el indicador sobre "Maximize" y haga clic para que esta ventana tome todo el área de trabajo.

C Si desea cerrar una ventana, coloque el indicador a "Close" y haga clic.

Cómo ajustar el tamaño de una ventana en la pantalla con el ratón

Si desea, puede usar el ratón para ajustar el espacio que una ventana toma en el área de trabajo.

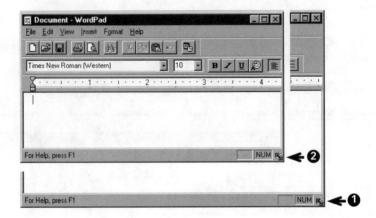

Guíese por la gráfica anterior para aprender cómo cambiar el espacio que una ventana toma en el área de trabajo, o "Desktop".

1. Primero coloque el indicador a uno de los extremos o lados de la ventana con la cual desea trabajar, y una vez que el indicador cambie de flecha a doble flecha, sostenga el botón izquierdo del ratón.

2. Ahora arrastre esta esquina mientras sostiene el botón izquierdo oprimido, y una vez que logre cambiarla a la posición indicada suelte el botón izquierdo del ratón.

Cómo usar la función de ayuda o "Help"

El objetivo principal de este libro es el de ayudar a la mayor parte posible de la gente a familiarizarse con el uso de las funciones básicas más importantes de estos dos sistemas operativos. En determinadas circunstancias, algunas personas encontrarán que necesitan más información de la que se ofrece en este libro; en este caso puede acudir a la ayuda, o "Help", en línea que está incluída con casi todos los programas.

Esto se puede conseguir de manera muy fácil; si necesita ayuda acerca de un tema que no está incluido en este libro, pulse la tecla F1/HELP. Ésta se encuentra en la parte superior del teclado, al lado de la tecla ESC.

La siguiente gráfica muestra el programa de ayuda en Microsoft Word para Windows.

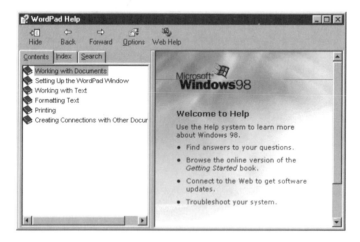

El teclado o "Keyboard"

Este es uno de los elementos más importantes con los cuales debe trabajar ya que le permite realizar la mayoría de su trabajo, como puede ser escribir una carta o crear una presentación de negocios.

En mi primer libro, *De DOS a Windows,* podrá ver una descripción más completa de un teclado y de los demás componentes de una computadora personal. *De DOS a Windows* se puede conseguir en la misma librería donde consiguió este libro.

La siguiente gráfica representa un teclado para computadoras del tipo IBM. Este se parece mucho al teclado de una máquina de escribir pero con más teclas.

Cómo cambiar el teclado del inglés al español

En Windows es posible cambiar del tipo de teclado en inglés, al teclado en español sin necesidad de prender la computadora de nuevo. Esto es muy útil ya que si trabaja la mayoría del tiempo en español, puede cambiar el teclado en inglés a otro de manera casi instantánea.

Casi todas las computadoras en venta en los Estados Unidos vienen con teclados que no tienen la ñ o los acentos. Si usa Windows y cambia la configuración de su teclado, podrá usar estos símbolos sin necesidad de cambiar de teclado.

Una vez que cambie la configuración del teclado puede cambiar de un idioma a otro solamente usando la combinación de teclas ALT+SHIFT del lado izquierdo del teclado.

Antes de intentar cambiar las propiedades de su teclado, busque el CD-ROM de Windows que vino con su computadora, ya que lo necesitará para instalar el software necesario para terminar este proceso.

Siga los siguientes pasos para cambiar la configuración de su teclado en Windows:

1. Coloque el indicador a "Start" y haga clic una vez.
2. Ahora arrastre el indicador hacia arriba hasta llegar a "Settings"; después arrástrelo hacia la derecha y haga clic sobre el panel de controles o "Control Panel".
3. Cuando el panel de controles abra, haga clic sobre "Keyboard".
4. En esta ventana, haga clic sobre "Language".

Ahora puede ver la siguiente gráfica. Ésta representa el programa para cambiar las propiedades del teclado.

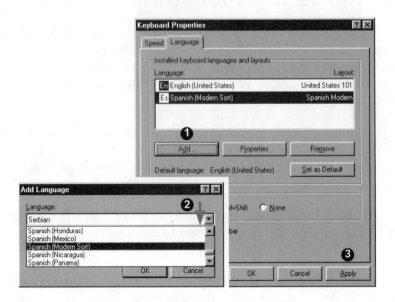

Siga los siguientes pasos mirando la gráfica anterior para añadir otro tipo de teclado en Windows:

1. Coloque el indicador a "Add" y haga clic una vez.
2. Ahora coloque el indicador sobre la flecha que señala hacia abajo para abrir este menú, hasta llegar al idioma adicional que desea usar en su teclado y después haga clic sobre su elección, en este caso español moderno y pulse la tecla ENTER.
3. Ahora haga clic sobre "Apply" y finalmente pulse la tecla ENTER.

Una vez que haya añadido un tipo de teclado adicional en Windows, lo puede usar muy fácilmente desde la barra de tareas.

En la siguiente gráfica puede ver la barra de tareas.

Mirando la gráfica anterior, cambie de teclado de la siguiente manera:

1. Coloque el indicador sobre este símbolo y haga clic.
2. Finalmente, coloque el indicador sobre el lenguaje que desee usar y haga clic. En este ejemplo, haga clic sobre "Spanish".

Ahora puede usar su teclado para poner la letra "ñ" y los acentos.

Si desea regresar al teclado que estaba utilizando antes de este cambio, siga los mismos pasos anteriores, pero esta vez haga clic sobre "English".

NOTA Una vez que cambie la configuración del teclado, éste le dará la misma asignación de teclas que el teclado en español de una máquina de escribir regular. En los Estados Unidos es posible ordenar un teclado en español a cualquiera de las compañías que venden computadoras. Si necesita ordenar un teclado, mire su computadora para ver si el puerto del teclado es del tipo PS2 (conector redondo de $1/4$ de pulgada) o AT ($1/2$ pulgada).

Cómo usar el ratón

El ratón, o "mouse", es la herramienta de trabajo más útil que haya sido inventada para usar una computadora. Con éste es posible realizar la mayoría de las funciones necesarias para utilizar Windows® 95/98/Me. La mayoría de los ratones para computadoras personales del tipo IBM compatible tiene dos botones. El de la izquierda casi siempre se usa para hacer selecciones, y el de la derecha para ver menús, pulsandolo sobre un archivo o uno de los menús de funciones.

La siguiente gráfica representa el ratón, o "mouse", de una computadora del tipo IBM.

La gráfica anterior le ayudará a aprender cómo usar el ratón.

Ⓐ Este es el botón izquierdo. Cuando a través del libro lea "hacer clic", pulse este botón una vez para hacer selecciones y dos veces para abrir programas (en el texto del libro se indica cuándo se debe hacer clic una vez y cuándo dos veces) en la gráfica que corresponde a la acción que desee seguir.

Ⓑ Este es el botón derecho, y cada día tiene más usos en aplicaciones para Windows. Por ejemplo, en un navegador, se pueden efectuar muchas funciones con este botón.

El indicador o "pointer"

Ésta es la flecha que indica la posición relativa del ratón en la pantalla de su computadora. Ésta es muy fácil de seguir; por ejemplo si mueve el ratón de un lado a otro en su escritorio, es posible ver cómo esta flecha cambia de lugar.

La acción de hacer clic se realiza colocando al indicador sobre el símbolo que representa el menú o programa con el cual desee trabajar y pulsando el botón izquierdo del ratón una vez, para hacer selecciones en un menú y dos veces para abrir programas.

La siguiente gráfica muestra las formas más comunes en las que verá este indicador.

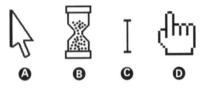

Guíese por la gráfica anterior para reconocer los símbolos de los diferentes tipos de indicadores.

Ⓐ Ésta es la forma más común del indicador, y se asemeja mucho a la punta de una flecha.

Ⓑ El indicador cambia al símbolo del reloj de arena, o "Hourglass", cuando la computadora está ocupada efectuando una de las órdenes del operador. Como, por ejemplo, cuando utiliza imprimir y guardar varias páginas, verá este reloj de arena mientras la computadora esté ejecutando estas acciónes.

Ⓒ Este es el cursor, símbolo que aparece en el área de trabajo de algunos programas, como los procesadores de palabras, para darle la posición en la cual aparecerá la próxima letra que escriba usando el teclado.

Ⓓ Una mano es el símbolo al cual cambia el indicador cuando lo pasa por encima de un enlace en el área de trabajo de un navegador.

En la siguiente gráfica puede ver claramente cómo abrir un programa con el ratón.

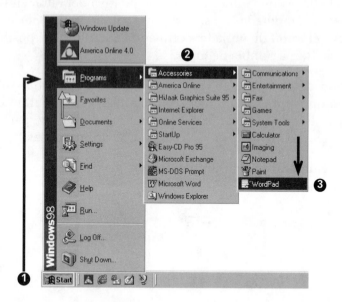

Por ejemplo, si desea abrir "WordPad", hágalo de la siguiente manera:

1. Haga clic sobre "Start"; ahora arrastre el indicador hacia arriba hasta llegar a "Programs" y haga clic.

2. Después arrastre el indicador hacia la derecha hasta llegar a "Accessories" y haga clic.

3. Ahora arrastre el indicador hacia abajo y haga clic sobre "WordPad".

Usos del botón derecho del ratón

Desde la salida al mercado del primer ratón para computadoras personales del tipo IBM, éste tenía dos botones, y por mucho tiempo el único que se podía usar en la mayoría de los programas era el izquierdo. Esto cambió por primera vez en la versión de Windows® 95, cuando muchas de las funciones para usar este sistema operativo se pudieron realizar con el botón derecho del ratón.

La funciones principales que se pueden realizar usando el botón derecho del ratón son:

- Averiguar las propiedades de discos duros.
- Averiguar las propiedades de archivos.
- Trabajar con objetos en el área de trabajo de un navegador.

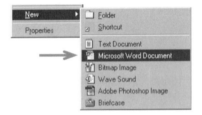

Por ejemplo, si coloca el indicador a una parte libre del área de trabajo, o "Desktop", y pulse el botón derecho del ratón, verá el menú anterior; ahora arrastre el indicador hacia abajo hasta llegar a "New", luego arrástrelo hacia la derecha y después hacia abajo, y haga clic sobre uno de los símbolos en esta lista. Esta acción abrirá el procesador de palabras Microsoft Word en una página nueva.

Manera correcta de apagar la computadora

Es muy importante recordar que una vez que haya terminado de usar la computadora con uno de estos dos sistemas operativos, Windows® 95/98/Me, y desee apagarla, es necesario seguir varios pasos antes de pulsar el botón que dá la alimentación de la corriente. De lo contrario, puede que experimente problemas la próxima vez que prenda la computadora.

La siguiente gráfica representa la ventana de apagar la computadora.

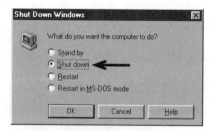

Siga estos pasos para apagar la computadora:

1. Coloque el ratón a "Start" y haga clic.
2. Ahora arrastre el ratón hacia arriba y haga clic sobre "Shut down".
3. Cuando vea el recuadro anterior, haga clic sobre "Shut down" y pulse la tecla ENTER.

Los pasos anteriores son suficientes para apagar una computadora que salió al mercado recientemente. Si compró su computadora antes de la salida al mercado de Windows® 95, puede ser necesario después de seguir los pasos anteriores esperar el mensaje, "Ahora es seguro apagar la computadora", o "It's now safe to turn off your computer", y pulsar el botón de alimentación de la corriente para apagarla.

Para recordar

- Windows es el sistema operativo, o la plataforma de trabajo, para computadoras personales más popular en la historia.

- La idea principal de Windows™ es la de poder trabajar con varios programas simultáneamente.

- El área de trabajo, o "Desktop", es como un escritorio virtual.

- En Windows es posible cambiar la configuración del teclado a varios idiomas importantes, entre los cuales está el español.

El área de trabajo o "Desktop"

El área de trabajo o "Desktop"

Del área de trabajo, o "Desktop", se puede decir que es un escritorio virtual desde el cual usted recibe suficiente información para utilizar la computadora. En éste encontrará varios programas.

La siguiente gráfica representa el área de trabajo de Windows.

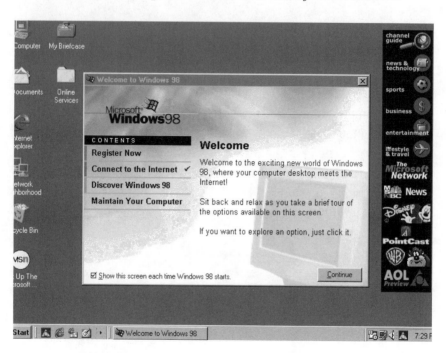

NOTA En algunas circunstancias es posible abrir un programa desde el área de trabajo si éste tiene un atajo, o "Shortcut", que le indique al sistema operativo dónde se encuentra el programa. Más adelante aprenderá a crear atajos a programas y a archivos.

El área de trabajo de Windows 95 es casi igual al área de trabajo de Windows 98. Una de las diferencias es la barra de tareas, o "Task-bar", en Windows 98.

La siguiente gráfica representa el "Desktop", o área de trabajo, de Windows.

Windows también cuenta con la barra de tareas, o "Taskbar". Desde ésta es posible (cuando tiene más de un programa abierto) cambiar de un programa a otro con solamente un clic del ratón.

Componentes que se encuentran a nivel del área de trabajo

Los sistemas operativos Windows® 95/98/Me tienen, al nivel del área de trabajo, componentes que puede usar para facilitarle el uso de la computadora.

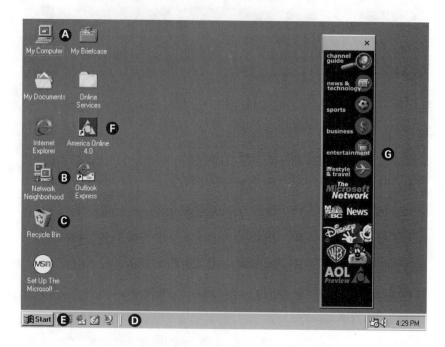

Componentes importantes que se encuentran en el área de trabajo:

- **Ⓐ** Mi computadora o "My Computer"
- **Ⓑ** El vecindario de la red o "Network Neighborhood"
- **Ⓒ** La canasta de reciclaje o "Recycle Bin"
- **Ⓓ** La barra de tareas o "Taskbar"
- **Ⓔ** El comienzo o "Start"
- **Ⓕ** Los atajos o "Shortcuts"
- **Ⓖ** La barra de canales o "Channel Bar" (Windows 98)

Mi computadora o "My Computer"

Este símbolo con la figura de una computadora es como la puerta de entrada a todos los recursos con los cuales cuenta su computadora. Con él es posible averiguar mucha información acerca de las unidades de almacenamiento de datos (como los discos duros), copiar y borrar archivos en los discos duros y en las unidades de discos flexibles, usar el panel de controles, etc., así como la configuración de las impresoras.

La siguiente gráfica representa mi computadora, o "My Computer".

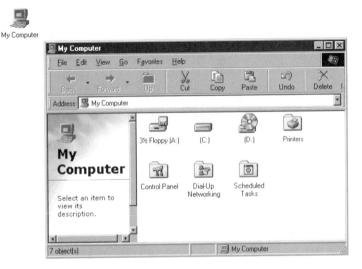

Haga clic dos veces sobre el símbolo de la izquierda para entrar a mi computadora, o "My Computer", en Windows® 95/98/Me.

El vecindario de la red
o "Network Neighborhood"

Este es uno de los componentes más útiles para conectar una computadora a una red local (LAN) o al Internet por medio de una línea de teléfonos, solamente configurando el cliente, o "Client". Este le permite instalar el software necesario para conectarse a la red a la cual desea pertenecer.

En el capítulo décimo aprenderá a configurar el "software" necesario para crear una red de "igual a igual", o "Peer to Peer".

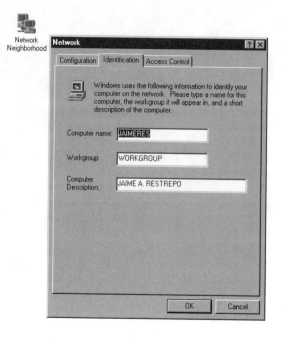

La canasta de reciclaje
o "Recycle Bin"

La canasta de reciclaje, o "Recycle Bin", es un archivo en la cual el sistema operativo guarda los archivos que haya borrado de su sistema desde la última vez que vació este compartimiento virtual.

Este reciclador de archivos tiene un nivel de seguridad, es decir, que si cambia de opinión acerca de borrar un archivo y éste se puede ver todavía en la canasta virtual, es posible recobrarlo muy fácilmente.

La siguiente gráfica representa la canasta de reciclaje o "Recycle Bin".

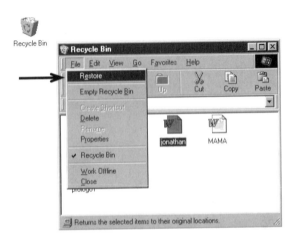

Haga clic dos veces sobre el símbolo anterior a la izquierda para abrir la canasta de reciclaje, si desea borrar archivos de manera permanente. Luego, coloque el indicador a "File", después arrástrelo hacia abajo y haga clic sobre "Empty Recycle Bin". Si cambia de opinión acerca de descartar el archivo, coloque el indicador sobre el símbolo que le corresponde, y haga clic. Después, coloque el indicador a "File" y haga clic sobre "Restore". En esta forma el documento, o documentos, serán copiados de nuevo al archivo de donde los borró.

La barra de tareas o "Taskbar"

La barra de tareas aparece por lo general en la parte inferior de la pantalla y le permite cambiar de un programa a otro haciendo clic sobre el símbolo respectivo. Ésta se puede cambiar de lugar en la pantalla colocando el indicador sobre ella primero, sin dejar de pulsar el botón izquierdo del ratón, y arrastrándola hacia la posición deseada para colocarla bien sea arriba, abajo o a los lados.

Si alguna vez cambia la configuración de la barra de tareas y ésta no aparece, pulse la combinación de teclas CTRL+ESC para poder verla.

En la siguiente gráfica puede ver que, si tiene varios programas abiertos, como por ejemplo, dos copias del Explorer, los puede organizar de manera muy fácil en el área de trabajo usando la barra de tareas.

Coloque el indicador a una parte libre (indicada por la flecha) de la barra de tareas y haga clic con el botón derecho del ratón; ahora arrastre el indicador hacia arriba y haga clic sobre "Tile Windows Horizontally". De esta manera puede organizar varios programas en el área de trabajo, y éstos ocuparán una parte dentro del área de ésta.

Guiándose por la siguiente gráfica aprenderá a cambiar la configuración de la barra de tareas.

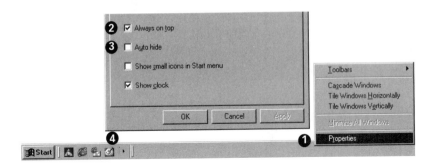

Siga los siguientes pasos mirando la gráfica anterior para cambiar la configuración de la barra de tareas.

1. Coloque el indicador sobre la barra de tareas y haga clic con el botón derecho del ratón; a continuación arrastre el indicador un poco hacia arriba y haga clic sobre "Properties".

2. Coloque el indicador sobre "Always on top" y haga clic si desea que la barra de tareas siempre esté visible en el área de trabajo, o "Desktop".

3. Coloque el indicador sobre "Auto hide" y haga clic si desea que la barra de tareas desaparezca cuando no la está usando. Si necesita usar la barra de tareas de nuevo, arrastre el indicador hacia el lugar del área de trabajo en el cual se encuentre ésta y aparecerá de nuevo, siempre y cuando mantenga el indicador sobre ella.

4. Si tiene Windows 98 coloque el indicador sobre este símbolo y haga clic, cuando trabaje con varios programas, si desea ir al área de trabajo sin necesidad de minimizar a éstos.

El comienzo o "Start"

El símbolo de "Start", o comienzo (indicado por la flecha), se encuentra por lo general en la esquina inferior izquierda de la barra de tareas, y es el que debe de usar para comenzar a buscar los programas instalados en su disco duro. Una vez que los halle los puede abrir haciendo clic sobre ellos.

La siguiente gráfica muestra cómo al hacer clic sobre "Start" y arrastrar el indicador hacia arriba, y después a la derecha, puede llegar a "Accessibility Wizard".

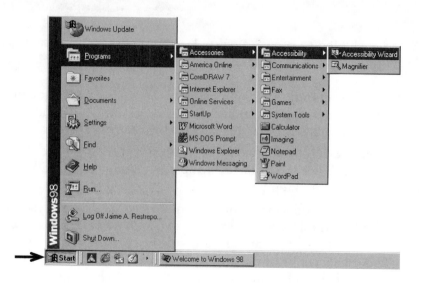

Los atajos o "Shortcuts"

Una de las ventajas de los sistemas operativos Windows 98/Me es la de poder crear atajos que le permitan usar archivos o programas desde el área de trabajo. De esta manera, cuando éntre a Windows, puede hacer clic sobre un atajo y abrir el programa o el archivo que le es indispensable para el tipo de trabajo que usted realiza.

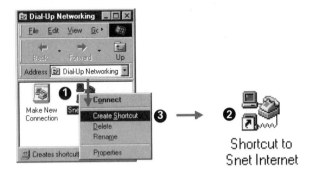

Por ejemplo, si desea crear un atajo para usar el marcador de teléfonos con el fin de establecer una conexión con su ISP (Proveedor de Servicio al Internet), hágalo de la siguiente manera:

1. Coloque el indicador sobre el símbolo con el cual desee trabajar y pulse el botón derecho del ratón.

2. Ahora arrástrelo hacia afuera de este recuadro, hacia el área de trabajo.

3. Cuando vea el menú anterior, coloque el indicador sobre "Create Shortcut" y haga clic.

Para recordar

- El área de trabajo, o "Desktop", es el escritorio virtual desde donde usted puede ordenar a la computadora la ejecución de diferentes funciones, y que le permite ver los resultados en la misma pantalla.

- El área de trabajo de Windows 95 es parecido al área de trabajo de Windows 98, aunque la barra de tareas, o "Taskbar", en Windows 98, tiene más funciones y además cuenta con los canales activos, o "Active Channels".

- El símbolo con la figura de una computadora, o "My Computer", es como la puerta de entrada a todos los recursos con los cuales cuenta su computadora. Desde éste es posible averiguar mucha información acerca de las unidades de almacenamiento de datos (como los discos duros).

- El vecindario de la red, o "Network Neighborhood", es uno de los componentes más útiles para conectar una computadora a una red local (LAN) o al Internet por medio de una línea de teléfonos, solamente configurando el cliente ("software" que necesita, o "Client") para conectarse a la red a la cual desea pertenecer.

- La canasta de reciclaje, o "Recycle Bin", es un archivo en la cual el sistema operativo guarda todos los archivos que haya borrado de su sistema desde la última vez que vació este compartimiento virtual.

Programas incluidos con Windows® 98/Me

Componentes incluidos con Windows® 95/98/Me

Desde la primera versión de Windows, la compañía Microsoft ha incluido pequeños componentes o programas. En cada versión nueva de Windows, Microsoft incluye más componentes para usar con este sistema operativo.

El grupo de componentes más importantes de Windows® 95/98/Me es el grupo de accesorios, o "Accessories". Este ha sido incluido en Windows desde las versiones de Windows 3.0.

En la siguiente gráfica puede ver cada uno de estos grupos de programas, representados por archivos que se encuentran dentro del grupo de programas accesorios.

Dentro del grupo de componentes accesorios encontrará cinco tipos adicionales de componentes. Éstos son:

- Accesibilidad, o "Accessibility"
- Las comunicaciones, o "Communications"
- La diversión, o "Entertainment"
- Los juegos, o "Games"
- Las herramientas para usar el sistema, o "System Tools"

El grupo de componentes accesorios o "Accessories"

En las próximas páginas verá una explicación abreviada de lo que puede hacer con cada uno de los componentes en este grupo. Algunos de ellos han formado parte del sistema operativo Windows desde la primera versión. En este capítulo verá información acerca de algunos componentes que solo están disponibles en Windows.

En la siguiente gráfica verá los símbolos del grupo de componentes accesorios. En las páginas siguientes encontrará más información acerca de cada uno de éstos.

Calculator   Imaging   Notepad   Paint   WordPad

Éstos son los componentes de este grupo:

- "Calculator"
- "Imaging"
- "Notepad"
- "Paint"
- "WordPad"

NOTA Gracias a la cantidad de componentes incluido con Windows, el usuario que los adquiera puede comenzar a trabajar inmediatamente, sin necesidad de salir a una tienda y comprar programas adicionales, ya que ellos tienen en algunas situaciones casi el mismo nivel de capacidad de programas más grandes.

"Imaging"

Éste es un componente creado por la compañía Kodak para trabajar con archivos gráficos; por medio de él puede agregar anotaciones a cualquier documento gráfico con las herramientas que trae incluidas.

La siguiente gráfica representa el componente "Imaging".

Imaging

Si desea trabajar con "Imaging", hágalo de la siguiente manera:

1. Coloque el indicador sobre "Start" y haga clic una vez; ahora arrástrelo hacia arriba hasta llegar a "Programs".
2. Después arrastre el indicador hacia la derecha hasta llegar a "Accessories" y luego hacia abajo; ahora haga clic sobre "Imaging".

"Calculator"

Ésta es una calculadora que funciona como tal y también como una calculadora científica. La calculadora de modo estándar funciona lo mismo que una calculadora de bolsillo de 10 dígitos, y se usa casi de la misma manera. Para utilizarla coloque el indicador y haga clic sobre el número o la función que necesita.

Si desea cambiar del modo "standard" al científico, coloque el indicador sobre "View" y haga clic; después haga clic sobre "Scientific".

La siguiente gráfica representa la calculadora, o "Calculator".

Si desea usar "Calculator", hágalo de la siguiente manera:

1. Coloque el indicador sobre "Start" y haga clic una vez; ahora arrástrelo hacia arriba hasta llegar a "Programs".

2. Después arrastre el indicador hacia la derecha hasta llegar a "Accessories"; después hacia abajo y haga clic sobre "Calculator".

"Notepad"

Éste es un pequeño procesador de palabras utilizado para crear documentos que solamente tienen texto, y que son guardados en un formato de ASCII (sólo texto).

La siguiente gráfica representa el "Notepad".

Notepad

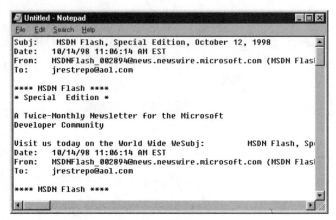

Si desea usar "Notepad", hágalo de la siguiente manera:

1. Coloque el indicador sobre "Start" y haga clic una vez; ahora arrástrelo hacia arriba hasta llegar a "Programs".

2. A continuación arrastre el indicador hacia la derecha hasta llegar a "Accessories"; después hacia abajo para hacer clic sobre "Notepad".

"Paint"

Éste es un programa para crear y editar documentos gráficos. Es de gran utilidad para añadir texto y crear diferentes efectos visuales en este tipo de documentos, aunque es un poco menos sofisticado que el programa "Imaging".

La siguiente gráfica representa el programa "Paint".

Paint

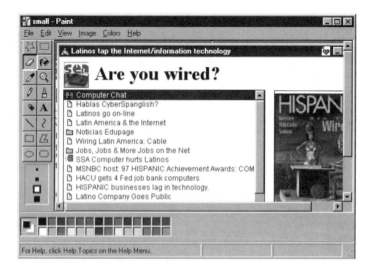

Si desea usar "Paint", hágalo de la siguiente manera:

1. Coloque el indicador sobre "Start" y haga clic una vez; ahora arrástrelo hacia arriba hasta llegar a "Programs".

2. Después arrastre el indicador hacia la derecha hasta llegar a "Accessories" y luego hacia abajo y haga clic sobre "Paint".

"WordPad"

Es un procesador de palabras muy útil para trabajar con documentos que tienen diferentes tipos y tamaños de letras. También es posible añadir gráficas a documentos, los cuales pueden ser guardados en un formato que es compatible con Word para Windows.

La siguiente gráfica representa el programa "WordPad".

Notepad

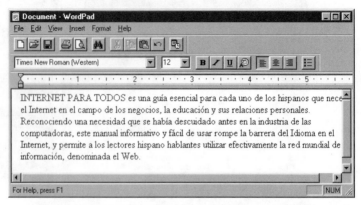

Si desea usar "WordPad", hágalo de la siguiente manera:

1. Coloque el indicador sobre "Start" y haga clic una vez; ahora arrástrelo hacia arriba hasta llegar a "Programs".
2. Después arrastre el indicador hacia la derecha hasta llegar a "Accessories", y luego hacia abajo y haga clic sobre "WordPad".

Las comunicaciones o "Communications"

Éste es un grupo pequeño de componentes de comunicaciones que le permiten conectar su computadora, por medio de un módem, con el mundo exterior. De estos programas, el que hallará más útil es el de "Dial-Up Networking". En el capítulo décimo verá paso a paso cómo crear una sesión PPP (esto es útil solo si tiene un ISP o sea un proveedor de servicio al Internet).

La siguiente gráfica representa los símbolos del grupo de comunicaciones.

Los siguientes son los programas con los cuales cuenta este grupo:

- "Dial-Up Networking"
- "Direct Cable Connection"
- "HyperTerminal"
- "ISDN Configuration"
- "Phone Dialer"

Si desea usar un programa en este grupo, hágalo de la siguiente manera:

1. Coloque el indicador sobre "Start" y haga clic una vez; ahora arrástrelo hacia arriba hasta llegar a "Programs".

2. Después arrastre el indicador hacia la derecha hasta llegar a "Accessories"; ahora arrástrelo sobre "Accesibility"; después hacia abajo hasta llegar a "Communications"; luego hacia la derecha y finalmente haga clic sobre el programa de este grupo que desee usar.

La diversión o "Entertainment"

Éste es un grupo de componentes que le permite usar documentos de multimedios en su computadora. Este grupo viene también con más componentes en Windows 98 que en Windows 95.

La siguiente gráfica representa los símbolos del grupo de entrete-nimiento.

ActiveMovie Control   CD Player   Interactive CD Sampler   Media Player   Sound Recorder   Trial Programs   Volume Control

Los siguientes son algunos de los programas con los cuales cuenta este grupo:

- "ActiveMovie Control"
- "CD Player"
- "Interactive CD Sampler"
- "Media Player"
- "Sound Recorder"
- "Trial Programs"
- "Volume Control"

Si desea usar un programa en este grupo, hágalo de la siguiente manera:

1. Coloque el indicador sobre "Start" y haga clic una vez; ahora arrástrelo hacia arriba hasta llegar a "Programs".

2. Después arrastre el indicador hacia la derecha hasta llegar a "Accessories"; ahora arrástrelo sobre "Accesibility"; después hacia abajo hasta llegar a "Entertainment"; luego hacia la derecha y finalmente haga clic sobre el programa de este grupo que desee usar.

Los juegos o "Games"

Éste es el grupo de juegos que viene incluido con Windows 98; algunos, como el Solitario ("Solitaire"), empezaron a salir con la versión de Windows 3.1. También en este grupo vienen más componentes con Windows 98 que con Windows 95.

La siguiente gráfica representa los símbolos del grupo de juegos.

FreeCell   Hearts   Minesweeper   Solitaire

Los siguientes son los programas con los cuales cuenta este grupo:

- "FreeCell"
- "Hearts"
- "Minesweeper"
- "Solitaire"

Si desea usar un programa en este grupo, hágalo de la siguiente manera:

1. Coloque el indicador sobre "Start" y haga clic una vez; ahora arrástrelo hacia arriba hasta llegar a "Programs".

2. Después arrastre el indicador hacia la derecha hasta llegar a "Accessories"; ahora arrástrelo sobre "Accesibility"; después hacia abajo hasta llegar a "Games"; luego hacia la derecha y finalmente haga clic sobre el programa de este grupo que desee usar.

Las herramientas de sistema o "System Tools"

Este grupo de programas le permite diagnosticar problemas que tenga con su computadora y efectuar reparaciones en sus discos duros.

La siguiente gráfica representa los símbolos del grupo de herramientas de sistema.

Los siguientes son los programas con los cuales cuenta este grupo:

- "Backup"
- "Character Map"
- "Clipboard Viewer"
- "Compression Agent"
- "Disk Cleanup"
- "Disk Defragmenter"
- "Drive Converter (FAT32)"
- "DriveSpace"
- "Inbox Repair Tool"
- "Maintenance Wizard"
- "Net Watcher"
- "Resource Meter"
- "ScanDisk"
- "Scheduled Tasks"
- "System Information"
- "System Monitor"

Si desea usar un programa en este grupo, hágalo de la siguiente manera:

1. Coloque el indicador sobre "Start" y haga clic una vez; ahora arrástrelo hacia arriba hasta llegar a "Programs".

2. Después arrastre el indicador hacia la derecha hasta llegar a "Communications"; ahora arrastre el indicador hacia abajo y haga clic sobre "System Tools"; en este grupo haga clic sobre el programa que desee utilizar.

Para recordar

- A pesar de que Windows 95 y Windows 98 son muy semejantes, Windows 98 tiene muchos más componentes.

- El grupo de componentes más importantes de Windows® 95/98/Me es el grupo de accesorios, o "Accessories".

- "Notepad" es un pequeño procesador de palabras utilizado para crear documentos que solamente tienen texto.

- "Paint" es un programa para crear y editar documentos gráficos.

- "WordPad" es un procesador de palabras muy útil para trabajar con documentos que tienen diferentes tipos y tamaño de letras.

El explorador o "Explorer" 4

El explorador o "Explorer"

El explorador, que reemplazó al "File Manager" de Windows 3.1, es uno de los componentes principales del sistema operativo Windows® 95/98/Me. Usando este componente le será posible trabajar con discos duros, discos flexibles o discos a los cuales usted tenga acceso a través de una red local (LAN), lo mismo que con los archivos individuales contenidos en éstas.

El explorador funciona de la misma manera si tiene Windows 95, Windows 98 o Windows NT®. Con él se pueden realizar una gran cantidad de funciones, algunas de las cuales, al menos las más comunes, aprenderá a utilizar con este libro. Desde el explorador también es posible hacer cambios a la configuración de su computadora usando el panel de controles, como por ejemplo para añadir impresoras.

Los siguientes son los tipos de recursos con los cuales puede trabajar desde el explorador:

- Unidades de almacenamiento de datos, como los discos duros
- Archivos individuales

En este capítulo, aprenderá algunas de las funciones más importantes en el uso de una computadora personal, como:

- Crear nuevas archivos
- Borrar archivos
- Copiar archivos de un archivo a otro
- Mover archivos de un archivo a otro
- Buscar archivos
- Preparar discos duros y flexibles

La siguiente gráfica representa el explorador, o "Explorer". A la izquierda puede ver las unidades de almacenamiento de datos (como el disco duro) y otros programas para configurar la computadora; a la derecha encontrará la lista de los archivos a nivel del primer disco duro, el cual se denomina casi siempre con la letra "C".

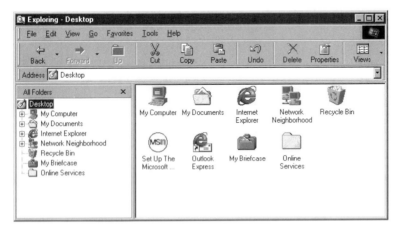

Para abrir el explorador de Windows 95, 98 o Me, siga los pasos siguientes:

1. Coloque el indicador sobre "Start" y haga clic con el botón derecho del ratón una vez.

2. Ahora arrastre el indicador hacia arriba y haga clic sobre "Explorer".

El explorador es un componente muy versátil de Windows 95/98/Me, pero también uno que debe usarse con mucho cuidado. Cerciórese antes de hacer uno de estos cambios de que el archivo o carpeta que está tratando de borrar no le es indispensable; de lo contrario puede estar borrando o moviendo un archivo que podría necesitar más tarde y que le será irrecuperable.

Cómo cambiar la presentación de información en el explorador

Una de las ventajas de este programa sobre el antiguo "File Manager" de Windows 3.1 es la cantidad de información que se puede ver acerca de la computadora que maneja su red local o el Internet. En las páginas siguientes aprenderá cómo puede cambiar la configuración del explorador para ver información en él de diferente manera, y una muestra de cómo se ve el explorador después del cambio. En este ejemplo verá también cómo el explorador puede funcionar como un navegador en Windows 98.

La siguiente gráfica representa al explorador con una configuración mínima, es decir, una configuración que ni siquiera despliega la barra de herramientas, o "Toolbar". En el siguiente tópico aprenderá cómo añadir la barra de herramientas, cómo agregar el espacio para escribir direcciones virtuales y cómo hacer que el explorador se comporte como una página Web.

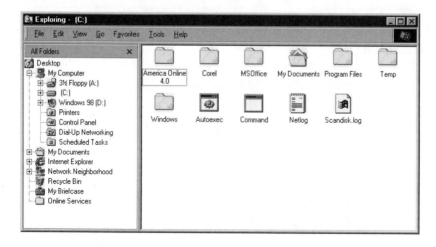

En la siguiente gráfica puede ver la manera de cambiar la configuración de la barra de herramientas, para ver más opciones; es decir, la manera como el explorador le permite ver información y cómo hacer que éste funcione como una página Web.

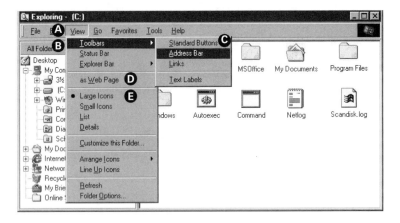

Mirando la gráfica anterior cambie la configuración de "View" de la barra de herramientas de la siguiente manera:

Ⓐ Coloque el indicador sobre "View" y haga clic.

Ⓑ Ahora arrastre el indicador hacia abajo hasta "Toolbars".

Ⓒ Después arrástrelo hacia la derecha y haga clic sobre la opción que desea activar: "Standard Buttons" (botones estándar), "Address Bar" (barra de direcciones—en esta forma verá la dirección virtual cuando usa el explorador) o, por último, haga clic sobre "Links" (enlaces).

Ⓓ Coloque el indicador hasta la línea "as Web Page" dentro del grupo de "Toolbars" y haga clic para ver el explorador como una página Web.

Ⓔ Coloque el indicador a esta sceción y haga clic sobre una de estas opciones, para cambiar la manera como los archivos o carpetas aparecen a la derecha de esta ventana. "Small Icons" (símbolos pequeños), "Large Icons" (símbolos grandes), "List" (tal como una lista) y "Details" (como el tamaño y la fecha en que fué creado el archivo).

La siguiente gráfica representa un explorador con muchas de las opciones mencionadas en la página anterior, ya seleccionadas.

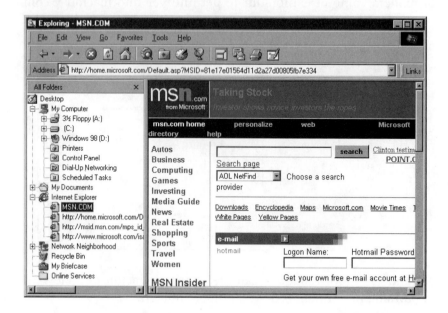

En la gráfica anterior puede ver las siguientes opciones seleccionadas:

Ⓐ La barra de herramientas.

Ⓑ La dirección virtual de la página Web que está visitando.

Ⓒ El símbolo de enlaces. Para usarlo haga clic sobre él dos veces; una vez que éste aparezca haga clic sobre el sitio que desee visitar. Para ver de nuevo la línea de direcciones, o "Address", haga clic dos veces sobre "Links".

Ⓓ Si eligió la opción para ver este explorador como una página Web, podrá ver la página virtual cuya dirección aparece en la casilla anterior, enfrente de "Address".

Las unidades de almacenamiento de datos

Una de las razones por las cuales las computadoras personales han revolucionado el mundo es su capacidad de guardar información de una manera permanente, para utilizarla más tarde. Las unidades de almacenamiento más populares hoy en día son los discos duros, o "hard drives", y los discos flexibles, o "floppy disks".

La siguiente gráfica muestra las unidades de almacenamiento disponibles a nivel de mi computadora, o "My Computer", en el explorador.

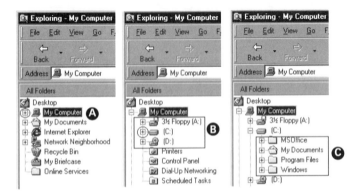

Guíese por la gráfica anterior para seguir este ejemplo:

A Abra el explorador, coloque el indicador sobre "My Computer" y haga clic una vez.

B Ahora puede ver debajo y a la derecha los recursos disponibles a este nivel: una unidad de discos flexibles ($3^1/_2$" Floppy A:), un disco duro (el disco duro C) y el CD-ROM (el CD-ROM D).

C Coloque el indicador encima de "C" y haga clic para ver las carpetas o archivos que están debajo de "C".

Elementos a nivel del área de trabajo o "Desktop"

Cuando utiliza el explorador, puede ver al nivel del "Desktop", o escritorio virtual, los mismos elementos que aparecen cuando prende su computadora y ésta abre la pantalla inicial.

En la siguiente gráfica puede ver los elementos que se encuentran en el primer nivel de organización, el área de trabajo o "Desktop".

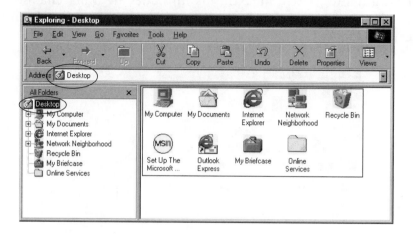

Cuando haga clic sobre el explorador, podrá ver los elementos de la ventana de la derecha, con los cuales se pueden abrir y usar todos los programas que se encuentren en su computadora.

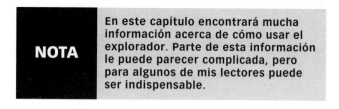

NOTA En este capítulo encontrará mucha información acerca de cómo usar el explorador. Parte de esta información le puede parecer complicada, pero para algunos de mis lectores puede ser indispensable.

Los recursos a nivel de mi computadora o "My Computer"

Éste es uno de los componentes mas útiles de Windows, y se utiliza casi de la misma manera que el explorador, ya que, a nivel de este componente, verá sus unidades de almacenamiento, carpetas y archivos.

En la siguiente gráfica puede ver cómo, cuando coloca el indicador sobre "My Computer" y hace clic, podrá ver en la ventana de la derecha los elementos que se encuentran a nivel de ésta.

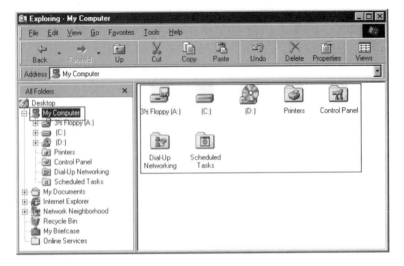

Si hace clic dos veces sobre el símbolo de "My Computer", y si tiene el símbolo de más (+) a la izquierda, podrá ver estos elementos como una lista, debajo de "My Computer".

Ahora coloque el indicador sobre "C" y haga clic dos veces si desea ver una lista de los archivos a nivel del primer disco duro. La gráfica de la siguiente página ilustrará este ejemplo.

Las carpetas o "folders"

Las carpetas, o "folders", son la segunda unidad de organización en la cual están guardados sus archivos (la primera son los discos duros). Dichas carpetas, por lo general, son creadas automáticamente por los programas que usted instala.

En la siguiente gráfica verá la lista de las carpetas que se encuentran a nivel de un disco duro, en este caso el disco duro "C".

Coloque el indicador sobre el símbolo "My Documents" y haga clic dos veces si desea ver las carpetas y los archivos que se encuentran debajo de éste.

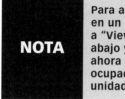

NOTA

Para averiguar cuánto espacio libre hay en un disco duro, coloque el indicador a "View" y haga clic; arrástrelo hacia abajo y haga clic sobre "Status Bar"; ahora puede ver tanto el espacio ocupado como el espacio libre en las unidades de almacenamiento.

En la siguiente gráfica puede ver las carpetas y los archivos que se encuentran debajo del nivel de el archivo "My Documents". Algunos usuarios de computadoras crean otras carpetas, debajo de las carpetas principales (como una sub-carpeta), para organizar su trabajo de una manera más lógica.

En la siguiente gráfica, puede ver a la derecha todos los archivos o carpetas que se encuentran a nivel de el archivo "My Documents".

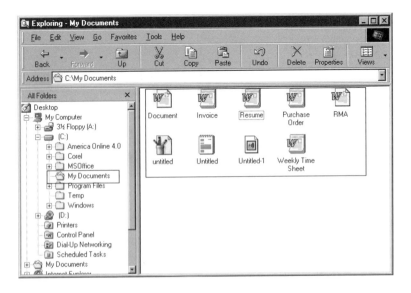

Si desea cambiar la manera de desplegar estos archivos individuales, siga los siguientes pasos:

1. Coloque el indicador a "View" y haga clic una vez.

2. Ahora arrástrelo hacia abajo y haga clic sobre "Details". De esta manera puede ver más información acerca de cuándo fue creado el archivo, y cuál es su tamaño.

Cómo crear un archivo desde el explorador

Si está en el explorador y hace clic dos veces sobre un disco duro, puede ver varias carpetas; éstas aparecen en amarillo. La mayoría de ellas fueron creadas por el sistema operativo o por un programa que instaló anteriormente.

Escriba encima de estas letras en azul el nombre de la carpeta que desea crear

Si desea crear un archivo para organizar mejor su trabajo, lo puede hacer así:

1. Coloque el indicador sobre "Start" y haga clic una vez con el botón derecho del ratón.

2. Arrastre el indicador hacia arriba, y haga clic sobre "Explorer".

3. Coloque el indicador sobre la unidad de almacenamiento (disco flexible, disco duro, disco en su red local, o "LAN") en la cual desee crear una nueva carpeta.

4. Coloque el indicador a "File", arrástrelo hacia abajo hasta llegar a "New", luego hacia la derecha y haga clic sobre "Folder".

5. Escriba el nombre de el archivo que desee crear, encima de las letras en azul que dicen "New Folder". En este ejemplo, puede ver la nueva carpeta: "Test". Ahora haga clic en la parte blanca del "Explorer" para confirmar su elección.

Cómo borrar carpetas desde el explorador

A veces puede ser necesario borrar un archivo cuando ya no necesite los archivos que contiene o cuando ésta esté vacía. Esta operación es irreversible en la mayoría de los casos. Por este motivo, cerciórese de que no necesitará el archivo que está borrando.

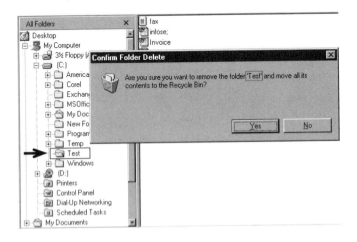

La manera de borrar carpetas es la siguiente:

1. Coloque el indicador sobre "Start" y haga clic con el botón derecho del ratón.

2. Arrastre el indicador hacia arriba y haga clic sobre "Explorer".

3. Coloque el indicador sobre la unidad de almacenamiento (disco flexible, disco duro o disco en su red local, o "LAN") de la cual desea borrar el archivo; en este ejemplo el disco duro "C".

4. Coloque el indicador sobre el archivo que desee borrar y haga clic una vez; ahora pulse la tecla DELETE y después la tecla ENTER para confimar la orden.

Cómo copiar archivos de un archivo a otro

Para copiar archivos de un archivo a otro, abra una copia del "Explorer" y busque el archivo o archivos que desee copiar.

La siguiente gráfica le ayudará a entender el proceso de copiar y pegar archivos.

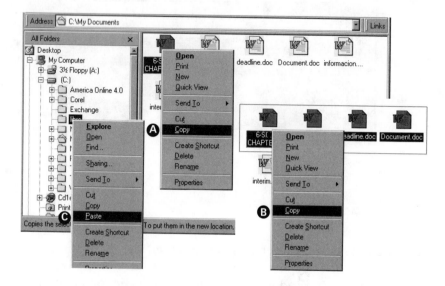

Guíese por la gráfica anterior para seleccionar y copiar archivos de la siguiente manera:

A Coloque el indicador sobre el archivo que desee copiar y haga clic con el botón derecho del ratón. Arrastre el indicador hacia abajo y haga clic sobre "Copy", o copiar.

B Para copiar más de un archivo, sostenga la tecla CTRL, coloque el indicador afuera del primer archivo que desea copiar y arrástrelo sobre los demás que quiera copiar, mientras sostiene el botón izquierdo del ratón. Cuando todos estén sombreados, haga clic con el botón derecho del ratón sobre esta sombra azul. Arrastre el indicador hacia abajo y haga clic sobre "Copy".

C Coloque el indicador sobre el archivo a la cual desee pegar estos archivos y haga clic con el botón derecho del ratón. Arrastre el indicador hacia abajo y haga clic sobre "Paste".

Este proceso se puede usar para copiar archivos de un archivo a otra a nivel del disco duro, o para copiar archivos desde un archivo que se encuentre a nivel de un programa a otra que se encuentre en el mismo programa. Así puede crear copias exactas del archivo original, y las archiva en dos distintas carpetas: la original y el archivo al cual pegó el archivo.

Finalmente, ahora puede ver en la siguiente gráfica, a nivel del archivo "libro", el archivo que copió de el archivo "My Documents" al archivo "libro".

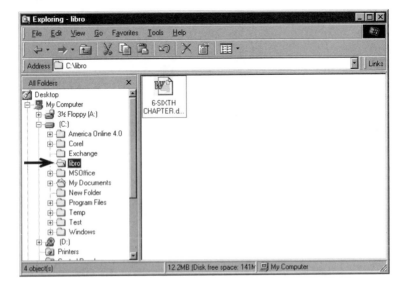

Si desea, también puede usar este proceso de copiar y pegar con carpetas enteras. Es decir, que en vez de copiar un archivo individual puede copiar una o más carpetas al mismo tiempo, eligiéndolas de la misma manera que usó para elegir archivos individuales.

Consideraciones que debe tener en cuenta cuando copia archivos o carpetas

Al copiar archivos de un archivo a otra, tenga cuidado de no copiar archivos poco importantes, o temporales, sobre otros muy valiosos que tienen el mismo nombre, ya que puede arruinar los últimos. Esto es muy fácil de evitar, como se ilustra en el siguiente ejemplo:

Supongamos que tiene dos archivos con el mismo nombre "carlos1.doc" en dos carpetas diferentes: uno, un documento muy importante, a nivel de "My Documents" y otro, una nota menos importante, a nivel de el archivo "Test". No se le ocurra copiar el documento que tiene en esta última carpeta sobre ese documento tan valioso que guardó en el archivo "My Documents", pues lo arruinará irremediablemente.

Por esta razón, si recibe uno de estos mensajes, piense mucho antes de pulsar la tecla ENTER y de cambiar el archivo con el mismo nombre que el que desea copiar en esto archivo.

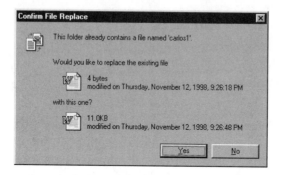

La gráfica anterior le avisa lo siguiente:

- **Ⓐ** Esta carpeta ya contiene una copia del archivo "carlos1.doc".
- **Ⓑ** ¿Desea reemplazar el archivo existente, que cambió el jueves a las 9:26:18?
- **Ⓒ** ¿Con éste otro, modificado a las 9:26:48?

Cómo mover archivos de un archivo a otro

El proceso de mover archivos de un archivo a otro es diferente a copiar y pegar, ya que una vez que mueva un archivo a otra carpeta, ya no será posible hallarlo en la original, y será necesario ir al archivo a donde lo movió para encontrarlo.

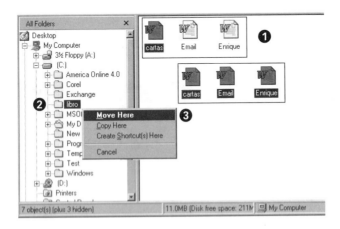

Guíese por la gráfica anterior para seleccionar y mover archivos:

1. Coloque el indicador sobre el archivo que desee mover y haga clic. Para mover varios archivos, haga clic afuera del primer archivo que desea mover y después pase el indicador sobre todos los demás, sosteniendo el botón izquierdo del ratón. Cuando todos estén sombreados, retire la mano del ratón.

2. Coloque el indicador sobre la parte azul, que representa el (o los) archivos que desea mover, y haga clic con el botón derecho del ratón (sin soltarlo); ahora arrástrelo sobre el archivo a la cual desea mover estos archivos. Ésta cambiará al color azul.

3. Finalmente, cuando vea este menú, arrastre el indicador sobre "Move Here" y haga clic.

Cómo preparar discos flexibles con "Format" desde el explorador

En Windows® 95/98/Me es necesario preparar los discos flexibles de $3^{1}/_{2}$ pulgadas antes de ser usados por el sistema operativo, aunque la mayoría de los discos en venta hoy en día vienen preparados desde la fábrica. Éstos tienen un letrero, o "Label", que dice "Formatted".

La siguiente gráfica representa el proceso de preparar discos flexibles de $3^{1}/_{2}$ pulgadas.

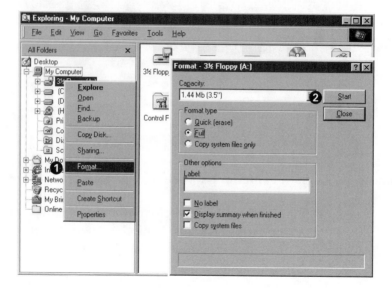

Guíese por la gráfica anterior, y siga estos pasos para preparar un disco de $3^{1}/_{2}$ pulgadas:

1. Abra una copia del "Explorer", coloque el indicador a la unidad de $3^{1}/_{2}$ pulgadas y pulse el botón derecho del ratón. Ahora arrastre el indicador hacia abajo y haga clic sobre "Format".

2. Cuando vea la próxima ventana, coloque el indicador a "Start" y haga clic.

Cómo copiar discos flexibles desde el explorador

Copiar discos flexibles es una operación muy fácil de realizar. Esta función es muy útil para copiar discos de $3^{1/2}$ pulgadas haciendo copias que son exactamente iguales a la original.

Antes de comenzar a realizar este proceso, busque un disco flexible que esté limpio, al cual desee copiar la información contenida en su disco original.

La siguiente gráfica representa el proceso de copiar discos.

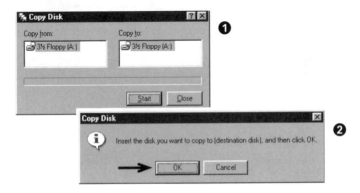

Guíese por la gráfica anterior, y siga estos pasos para hacer copias exactas de discos flexibles de $3^{1/2}$ pulgadas:

1. Abra el explorador. Ahora coloque el indicador sobre la unidad de discos de $3^{1/2}$ pulgadas y haga clic con el botón derecho del ratón. Arrastre el indicador hacia abajo y haga clic sobre "Copy Disk". Cuando vea la primera ventana anterior, inserte el disco que desea copiar en la unidad de discos $3^{1/2}$ y pulse la tecla ENTER.

2. Cuando vea la segunda ventana inserte el disco flexible (en la unidad de discos flexibles) al cual desea copiar la información contenida en el original y pulse la tecla ENTER.

Cómo usar el "File Manager" de Windows 3.1

Si usted tiene mucha experiencia usando el "File Manager" de Windows 3.1, todavía lo puede usar en Windows 95/98/Me. Si no ha usado este componente de Windows anteriormente, no es recomendable que aprenda a usarlo, ya que no se sabe por cuánto tiempo la compañía Microsoft incluirá este componente con sus sistemas operativos.

La siguiente gráfica representa el "File Manager".

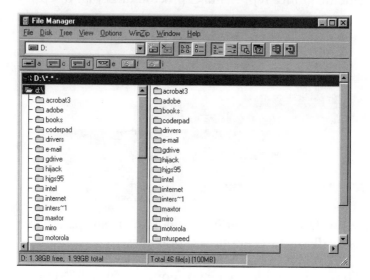

Siga estos pasos para abrir una copia del "File Manager" en Windows 95/98/Me:

1. Coloque el indicador sobre "Start", y haga clic.
2. Arrastre el indicador hacia arriba y haga clic sobre "Run".
3. Cuando la ventana de "Run" aparezca, escriba "Winfile" enfrente de "Open" y pulse la tecla ENTER.

Para recordar

■ El explorador de Windows 95/98/Me le permite trabajar con discos duros, discos flexibles o discos a los cuales tenga acceso a través de una red local (LAN).

■ Las unidades de almacenamiento más populares hoy en día son los discos duros o "hard drives", y los discos flexibles, o "floppy disks".

■ Cuando utiliza el explorador, puede ver al nivel del "Desktop", o escritorio virtual, los mismos elementos que aparecen cuando prende su computadora y ésta abre la pantalla inicial.

■ Las carpetas, o "Folders", son la segunda unidad de organización en la cual están guardados sus archivos.

■ El proceso de mover archivos de un archivo a otra es diferente a copiar y pegar, ya que una vez que mueva un archivo a otra carpeta, ya no será posible hallarlo en la original, y será necesario ir al archivo a donde lo movió para encontrarlo.

Los programas para Windows® 98/Me

Los programas para Windows® 95/98/Me

Un programa es un conjunto de archivos que tienen un fin común, como por ejemplo los archivos que componen el programa Microsoft Office 97 para Windows, y éstos por lo general están organizados en la misma carpeta. Un programa para Windows es uno que sigue las reglas definidas por este sistema operativo, y se puede reconocer por lo general por tener el logotipo de Windows 95 o Windows 98 en el lado o al frente de la caja.

La mayoría de los programas en venta hoy en día pueden ser usados en Windows 95 y Windows 98. Al finalizar 1999, es posible que encuentre muchos programas que solamente funcionen bien si son usados desde Windows 98.

En la siguiente gráfica puede ver la presentación de un programa típico para Windows 95, identificado con el logotipo en la esquina superior derecha.

Logotipo de Windows 95

Los diferentes tipos de programas

Desde la salida al mercado de Windows 95, miles de programas han sido escritos y usados por millones de usuarios alrededor del mundo. Muchos de estos programas tienen un uso específico, como por ejemplo, un programa que recoge información acerca de la precipitación de lluvia en el Amazonas.

Hoy en día es posible encontrar en casi todas las tiendas de software programas que le enseñan a crear planos arquitectónicos para diseñar casas, a buscar las rutas más convenientes para ir de un sitio a otro, sobre modas y decoración, etc. El tiempo y la imaginación del ser humano parecen ser los únicos límites para la expansión de estos sistemas.

Los siguientes son los tipos de programas más populares para Windows:

- Procesadores de palabras
- Hojas de cálculo
- Programas de presentación
- Programas para editar gráficas

NOTA   Si ha estado usando el sistema operativo DOS y tiene un programa para DOS que le gusta mucho, todavía le será posible usarlo cuando se cambie a Windows 95/98/Me. Los programas para DOS, a menos que se trate de un juego, funcionan bien en Windows 95/98/Me. Al final de este capítulo verá más información acerca de cómo usarlos.

Los procesadores de palabras

Éste es el tipo más común de programas para Windows 95/98/Me y, como su nombre lo indica, sirven más que nada para crear documentos que sólo incluyen texto. Hoy en día, si usa un procesador de palabras moderno tiene la capacidad de crear documentos que incluyen sonido y video.

La siguiente gráfica representa el procesador de palabras Word. Éste es uno de los programas más populares de este tipo y forma parte del grupo Office 97 de Microsoft.

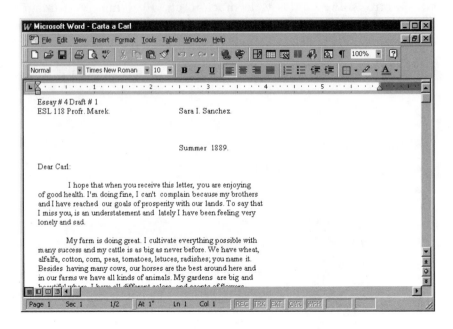

Hojas de cálculo

Éste es uno de los programas que más ha beneficiado a los usuarios de computadoras personales, ya que les permite hacer, en cuestión de minutos, cálculos que antes les podían tomar horas.

La siguiente gráfica representa las hojas de cálculo Excel, uno de los programas más populares en su género, y que forma parte del grupo Office de Microsoft.

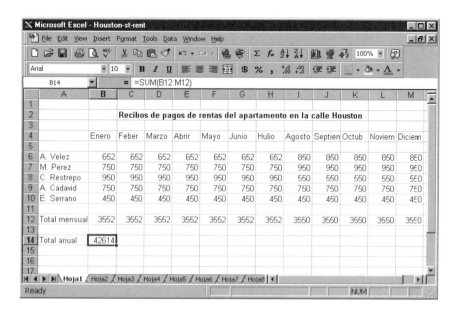

Programas de presentación

Éstos son programas muy importantes en compañías que tienen negocios con otras corporaciones, sobre todo en el área de ventas, y se utilizan principalmente para presentar ideas con muchas gráficas y, a veces, hasta con vídeos.

La siguiente gráfica representa el programa PowerPoint®. Éste es uno de los programas más populares de este tipo y forma parte del grupo Office de Microsoft.

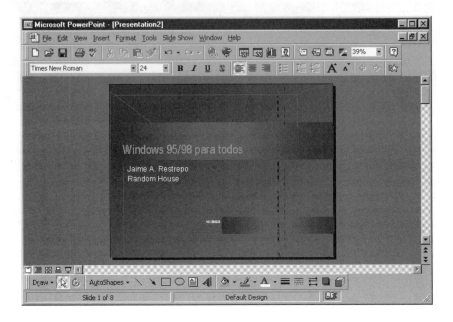

Cómo instalar un programa

Los programas para Windows® 95/98/Me que están a la venta hoy en día deben ser instalados en el disco duro. Esto se logra poniendo el CD o los discos flexibles que conforman el programa en la unidad de discos correspondiente y usando el programa de instalación, o "Setup". La mayoría de estos programas se instalan de la misma manera. Ésta es la gran ventaja del sistema operativo Windows a diferencia de los programas para DOS, pues si aprende a instalar un programa, le será muy fácil instalar otros que también sean para Windows.

La siguiente gráfica muestra la ventana de instalar un programa desde "Run" usando el "Setup" de aquí.

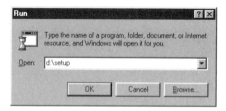

El proceso de instalar un programa para Windows es el siguiente:

1. Primero coloque el indicador sobre "Start" y haga clic.
2. Ahora arrastre el indicador hacia arriba hasta llegar a "Run", y haga clic.
3. Cuando el recuadro anterior aparezca, escriba "d:\setup" si éste viene en un CD, o "a:\setup", si el programa que está tratando de instalar viene en discos flexibles, y pulse la tecla ENTER.
4. El programa le recomendará el archivo adecuada para guardarlo; usted puede aceptar esta sugerencia o guardarlo en otra carpeta del mismo disco duro, en otro que se encuentre bien en su sistema, o en una red a la cual tenga acceso.

Cómo abrir un programa

Si desea usar un programa que ya instaló, lo puede hacer muy fácilmente colocando el indicador sobre el icono que lo representa y haciendo clic. En esta forma, el programa se abrirá y permanecerá abierto hasta que lo cierre o apague la computadora. Según el tipo de programa que instale, éste crea un icono, o "Icon", en el menú de "Start" o un atajo ("Shortcut"), en el área de trabajo. El primero abre con un clic, y el segundo con dos.

Por ejemplo, el procesador de palabras "WordPad" lo puede abrir de dos maneras:

1. Coloque el indicador sobre "Start" y haga clic una vez; ahora arrástrelo hacia arriba hasta llegar a "Programs".
2. Después arrastre el indicador hacia la derecha hasta llegar a "Accessories", y finalmente hacia abajo para hacer clic sobre "WordPad".

La otra forma es la siguiente:

1. Coloque el indicador sobre "Start" y haga clic una vez; ahora arrástrelo hacia arriba hasta llegar a "Run" y haga clic.
2. En la línea en blanco escriba *"Wordpad"* y pulse la tecla ENTER.

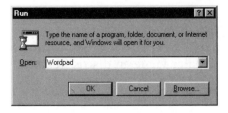

La gráfica anterior ilustra cómo, si sabe la dirección completa del programa que desea utilizar, también lo puede abrir desde "Run".

Cómo trabajar con varios programas al mismo tiempo

Una de las ventajas de Windows 95/98/Me es que, dependiendo del tipo de computadora que use, le permiten trabajar con varios programas al mismo tiempo. Esto también depende de la cantidad de memoria instalada en su computadora y del procesador que tenga. Para trabajar con varios programas al mismo tiempo, abra los que desee usar y después, si necesita cambiar entre uno y otro, lo puede hacer con una combinación de teclas o haciendo clic encima de la barra de tareas, o "Taskbar".

En la siguiente gráfica puede ver en la barra de tareas varios nombres, cada uno de los cuales representa un programa que está abierto en el área de trabajo.

Programas abiertos en el
área de trabajo o "Desktop"

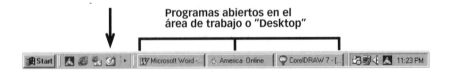

En la gráfica anterior puede ver tres programas abiertos. Coloque el indicador sobre el nombre del programa que desee usar y haga clic. Si desea cambiar a otro programa, no es necesario cerrar el que tiene abierto; sólo coloque el indicador al símbolo que representa el programa con el cual desea trabajar y haga clic. En Windows 98 es posible regresar al área de trabajo, o "Desktop", colocando el indicador sobre este símbolo (indicado con la flecha) y haciendo clic.

Si lo prefiere, puede sostener la tecla ALT mientras pulsa la tecla TAB. Continúe pulsando la tecla TAB hasta que el símbolo del programa que desea usar aparezca en la pantalla; suelte ambos botones.

Cómo usar programas para DOS sin salir de Windows 95/98/Me

Si necesita usar programas para DOS al mismo tiempo que utiliza Windows 95/98/Me, lo puede hacer en lo que se llama una ventana de DOS siempre y cuando estos programas no requieran absoluta atención de los recursos de la computadora, como lo hacen algunos juegos que sólo se pueden usar desde DOS.

La siguiente gráfica representa una ventana de DOS en Windows 95/98/Me.

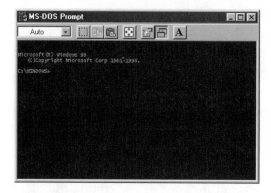

Ésta es la manera de usar programas para DOS desde Windows 95/98/Me:

1. Coloque el indicador sobre "Start" y haga clic.

2. Ahora arrástrelo hacia arriba y haga clic sobre "Programs"; arrastre el indicador hacia la derecha hasta llegar a "Accessories", y a continuación arrástrelo hacia abajo. Finalmente, haga clic sobre "MS-DOS Prompt" para abrir una ventana de DOS. Una vez que abra, puede usar su programa para DOS de la manera acostumbrada.

Si el programa que desea utilizar no funciona bien en esta ventana para DOS (algunos juegos en venta hoy en día requieren ser usados desde DOS), prenda la computadora en el modo de DOS de la siguiente manera:

1. Primero cierre todos los programas que está usando.
2. Ahora coloque el indicador sobre "Start".
3. Finalmente, arrastre el indicador hacia arriba y haga clic sobre el símbolo de "Shut down" para apagar la computadora.

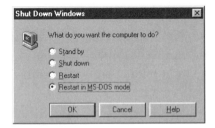

4. Cuando la ventana anterior aparezca, coloque el indicador a "Restart in MS-DOS mode" y haga clic; luego pulse la tecla ENTER. Ahora la computadora se prenderá de nuevo y entrará directamente a DOS para que usted pueda usar este programa.

Cuando termine de usarlo y desee regresar a Windows, escriba "Exit" y pulse la tecla ENTER. Ahora la computadora se prenderá de nuevo de manera normal.

Para recordar

- Un programa es un conjunto de archivos que tienen un fin común, como por ejemplo los archivos que componen el programa Microsoft Office para Windows 97, y estos por lo general están organizados en la misma carpeta.

- Los programas para Windows 95/98/Me que están a la venta hoy en día deben ser instalados en el disco duro.

- Una de las ventajas de Windows 95/98/Me es que, dependiendo del tipo de computadora que use, le permiten trabajar con varios programas al mismo tiempo.

- Los procesadores de palabras son el tipo más común de programas para Windows 95/98/Me y, como su nombre lo indica, sirven más que todo para crear documentos que incluyen solamente texto.

- El sistema operativo Windows, a diferencia de los programas para DOS, tiene la ventaja de que si aprende a instalar un programa, le será muy fácil instalar otros que también sean para Windows, ya que la mayoría de estas operaciones se realizan de la misma manera.

- Una de las ventajas de los sistemas operativos de Windows es que ellos, dependiendo del tipo de computadora que tenga, le permiten trabajar con varios programas al mismo tiempo.

Los archivos o "files"

Los archivos o "files"

Un archivo en el mundo de las computadoras es un documento electrónico, como una carta a su hijo, una foto de su graduación o los archivos de sistema que fueron instalados en su computadora por el sistema operativo Windows 98 o cualquier otro programa.

Como pudo ver en el capítulo cuarto, los archivos están representados en el explorador con un nombre único a nivel de el archivo en la cual se encuentran; es decir, que no es posible tener un archivo con el mismo nombre en la misma carpeta. Lo que sí es posible es copiar un archivo de un archivo a otra; de esta manera puede tener más de una copia del mismo archivo en diferentes carpetas.

Un archivo necesita un nombre para poder ser distinguido de los demás archivos. En Windows 3.1 un archivo podría tener un nombre con ocho letras y tres más para la extensión; hoy en día en Windows 95 o 98 éste puede usar un nombre de hasta 256 caracteres de largo.

Para los ejemplos de las siguientes páginas usaremos el procesador de palabras "WordPad"; éste viene incluído con Windows 95 y Windows 98.

Los archivos se dividen en tres grupos:

- **De datos.** Éstos son los archivos creados por el usuario con un procesador de palabras o por su programa de dibujo, y son muy importantes porque contienen su trabajo.

- **De programas.** Éstos son los archivos que componen cada programa, por ejemplo los archivos que componen el programa Word 97 para Windows.

- **De sistema.** Éstos son una extensión del tipo de archivo anterior, con una variación muy importante. Éstos son indispensables para que su computadora funcione, así que si por algún motivo uno de estos archivos es borrado del disco duro, su computadora puede experimentar problemas.

Qué son las asociaciones de archivos

En el segundo grupo de archivos mencionados en la página anterior (archivos de programas) hay una gran variedad, y ellos se distinguen también por una extensión; éstas a su vez están asociadas con los programas mediante los cuales fueron creados.

Windows 95/98/Me comparan la extensión con la lista de asociaciones de archivos determinadas en el panel de controles; esta lista es actualizada automáticamente cuando instala un programa.

De esta manera, si trata de abrir un archivo con la extensión .doc en el explorador haciendo clic sobre él, el sistema operativo sabe de antemano que debe abrir el programa Word para Windows porque éste está designado ya como el programa que abrirá este tipo de archivo con la extensión .doc.

En el siguiente ejemplo puede ver a la izquierda de la gráfica los nombres de varios archivos, y al frente de cada uno el tipo de archivo.

Resumen	5KB	Microsoft Word Doc...	11/10/98 8:23 PM
Cumpleaños de Pedro	98KB	TIF Image Document	11/9/98 10:46 PM
Carta a NCTC	1,214KB	Microsoft Word Doc...	11/10/98 8:22 PM
Notas	2KB	Text Document	11/10/98 8:21 PM

Por ejemplo, el archivo "Resumen" aparece como un archivo del tipo Microsoft Word, uno de los procesadores de palabras de más uso en los Estados Unidos. Cuando haga clic sobre un archivo con esta asociación, éste abrirá Word para Windows automáticamente.

A través de este capítulo usará el procesador de palabras "WordPad" que viene incluido con Windows 95/98/Me y Windows NT®, muy útil para crear documentos pequeños.

La siguiente gráfica representa el menú de "Start".

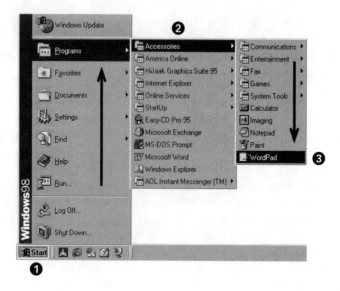

Mirando la gráfica anterior, siga los siguientes pasos para abrir "WordPad":

1. Coloque el indicador a "Start" y haga clic una vez.

2. Arrastre el indicador hacia arriba hasta llegar a "Programs"; después arrástrelo hacia la derecha hasta llegar a "Accessories".

3. A continuación arrastre el indicador un poco hacia la derecha y después hacia abajo, y finalmente haga clic sobre "WordPad".

Cómo crear archivos

El proceso de crear archivos es simple. Primero abra el programa que desee usar y utilice este programa para crear un archivo. Este proceso funciona casi lo mismo con cualquier programa para Windows, ya sea un programa gráfico para crear mapas o una hoja de cálculo como el programa Excel 97 para Windows.

La siguiente gráfica representa el procesador de palabras "WordPad".

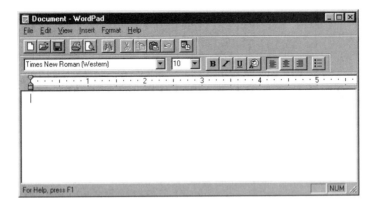

Para comenzar el proceso de crear un archivo, abra "WordPad" de la siguiente manera:

1. Coloque el indicador a "Start" y haga clic una vez.
2. Arrastre el indicador hacia arriba y haga clic sobre "Run". Enfrente de "Open" escriba *Wordpad* y pulse la tecla ENTER. De esta manera podrá abrir un programa desde la ventana de "Run".

Ahora puede comenzar a escribir directamente en el área de trabajo. Una vez que termine de crear un documento, puede guardarlo, imprimirlo o cerrarlo sin guardar.

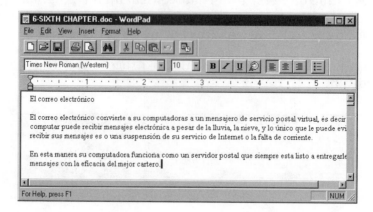

La ventana siguiente muestra el mensaje "Save changes to Document?" (¿Desea guardar los cambios que hizo al documento?)

Este mensaje aparece si está en el proceso de crear un archivo y decide comenzar uno nuevo, o si trata de cerrar un programa sin guardar el archivo que acaba de crear. Si desea guardar el archivo con el cual está trabajando, pulse la tecla ENTER, y siga el proceso de las próximas páginas.

Cómo guardar archivos

Para conservar el archivo que acaba de crear con el fin de usarlo en otra oportunidad, guárdelo en su disco duro o en un disco flexible. Este proceso es muy simple y funciona casi de la misma manera en casi todos los programas para Windows 95/98/Me o Windows NT®.

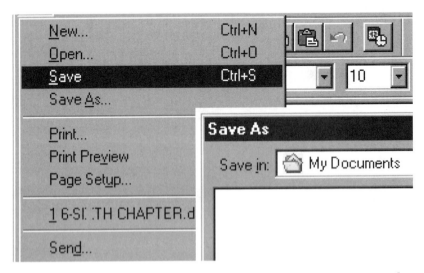

Mirando la gráfica anterior, siga los siguientes pasos para guardar un archivo:

1. Coloque el indicador a "File" y haga clic; arrástrelo hacia abajo y haga clic sobre "Save".

2. Ésta es el archivo en la cual será guardado el archivo, en este ejemplo "My Documents".

3. Si desea guardar este archivo en otra carpeta, coloque el indicador sobre esta flecha y haga clic hasta encontrar el archivo en la cual desea guardar el archivo.

4. Ahora escriba el nombre que desea usar para describir el documento que acaba de crear y pulse la tecla ENTER para guardarlo.

Cómo guardar archivos en discos flexibles

Guardar su trabajo en un disco flexible funciona casi de la misma manera que guardarlo en un disco duro, y sólo requiere un paso adicional para completarlo.

La siguiente gráfica ilustra el proceso de guardar archivos a discos flexibles.

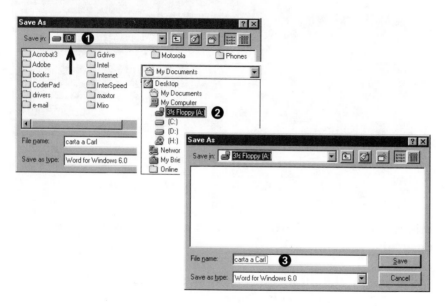

Guíese por la gráfica anterior para completar este proceso:

1. Una vez que haya elegido guardar, o "Save As", coloque el indicador sobre esta flecha y haga clic para abrir el menú de recursos disponibles en su computadora.

2. Ahora ponga un disco flexible en la unidad de discos flexibles de $3^{1}/_{2}$ pulgadas; coloque el indicador a la unidad de "$3^{1}/_{2}$ Floppy (A:)" y haga clic.

3. Escriba el nombre que desea usar para nombrar este archivo y pulse la tecla ENTER para guardarlo.

La diferencia entre guardar archivos con "Save" y "Save As"

Como pudo ver antes, un archivo debe tener un nombre único a nivel de el archivo en la cual éste se encuentra. Supongamos que tiene un archivo llamado "Facturas" guardado en el archivo "My Documents" y este archivo es una forma creada para llenar la información acerca de las compras que hacen sus clientes.

En la siguiente gráfica puede ver el archivo "Facturas" que da a sus clientes como un comprobante de su compra. Cada vez que lo abra y haga cambios a la factura, como por ejemplo la fecha, el nombre del cliente o el artículo, debe guardarlo usando "Save As" (guardar como) y usar un nombre diferente, para preservar el archivo original.

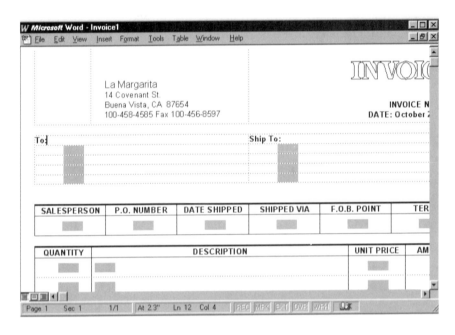

Para preservar el archivo original, use "Save As"; de esta manera cada vez que lo abra no verá la información sobre la compra del último cliente; si usó este archivo para guardarla. "Save As" es la opción que aparece en el menú de "File", debajo de "Save".

El proceso de nombrar un archivo

Ésta es una de las funciones más importantes para preservar su trabajo de manera permanente, ya que si desea guardarlo es necesario usar un nombre que lo describa, para así encontrarlo en otra oportunidad. Hoy en día los programas para Windows 95/98/Me pueden ayudarle sugiriéndole nombres, como es el caso del procesador de palabras Word para Windows 95. Este puede sugerirle un nombre sacando la información del título de su documento.

Al guardar un archivo, éste también recibe una extensión que lo asocia con el programa en el cual fue creado y con otros programas que puedan abrir archivos del mismo tipo. Así, cuando crea el archivo "*casa.doc*" en Word para Windows y se lo envía a un amigo que no tiene ese programa, pero que también utiliza Windows 95/98, él podrá abrir este documento con "WordPad", ya que éste procesador de palabras incluído con Windows 95/98/Me puede abrir documentos creados con Word para Windows.

Para nombrar archivos en Windows 95/98/Me se siguen las mismas reglas:

- Cada archivo tiene un nombre único a nivel de el archivo en la cual desea guardarlo. Así que sólo puede haber un archivo con el nombre "Test.doc" en el archivo "My Documents". Si trata de crear otro con el mismo nombre en la misma carpeta, la computadora le preguntará si desea reemplazar el archivo original que está guardado en esto archivo con el que acaba de crear.

- En Windows 95/98/Me es posible usar hasta 256 caracteres para nombrar un archivo, y así describirlo mejor. Esto le ayudará a encontrarlo fácilmente en otra oportunidad.

NOTA

Cuando nombre archivos, use palabras que describan el propósito de éstos; por ejemplo, si escribe una carta a su padre el 10 de noviembre, denomine el archivo como "carta del 10 de noviembre para Papá". Si nombra sus archivos de ésta manera, éstos serán mucho mas fáciles de hallar.

La ventaja de utilizar nombres largos, o "long file names", para identificar archivos

Una de las ventajas más importantes de trabajar con archivos en Windows 95/98™ es la de poder usar nombres que describan exactamente el contenido del archivo. En DOS y en las primeras versiones de Windows sólo era posible usar ocho letras para describir un archivo y tres para la extensión (una extensión todavía tiene solo tres letras).

Hoy en día en Windows 95, 98 y Me se pueden usar hasta 256 caracteres para nombrar un archivo. Esto le permite usar una descripción muy detallada de la naturaleza del archivo para poder encontrarlo más fácilmente en otra ocasión.

En la siguiente gráfica puede ver dos nombres de archivos: el primero fue creado en Windows 3.1 y sólo cuenta con 8 caracteres; por eso es muy difícil saber que ésta es una carta a la compañía de electricidad. El segundo es el mismo archivo, y gracias a que fue creado en Windows 95/98/Me cuenta con 35 letras que describen este archivo exactamente como una carta a la compañía de la electricidad.

carta14.doc

carta a la compañia de electricidad

NOTA

Tenga en cuenta que esta ventaja de poder usar mayor número de palabras para denominar un archivo sólo funciona entre computadoras que usan Windows 95/98/Me y Windows NT®. Si necesita enviarle un archivo a una persona que sólo tiene Windows 3.1, utilice solamente 8 letras para nombrarlo, ya que de lo contrario si envía muchos archivos en un disco, la persona que los recibió tendrá que abrir todos los que sean parecidos; (éstos aparecerán con un nombre cortado por el símbolo ~).

Cómo abrir un archivo

Un archivo se puede puede usar un número indefinido de veces si ha sido guardado en un disco duro, disco flexible o en su red local. Recuerde entonces qué programa utilizó para crearlo. Por ejemplo, si crea un archivo (una maqueta de su casa) en Corel Draw, debe usar el mismo programa para abrirlo. En muchas ocasiones, si guarda archivos con un formato compatible, como por ejemplo "Bitmap" o "BMP", los podrá abrir con muchos otros programas.

La siguiente gráfica muestra la ventana que aparece cuando trata de abrir un archivo.

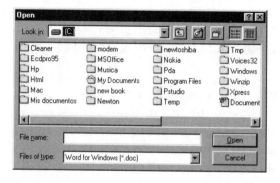

Éstas son las tres maneras más comunes de abrir un archivo:

- Abra el programa con el que lo creó, y después elija "File"; a continuación escoja "Open". Ahora puede buscar el archivo que desee abrir.

- Abra el explorador, o "My Computer", y después busque el nombre del archivo; una vez que lo encuentre haga clic dos veces sobre él.

- Use el programa de buscar o "Find" y, una vez que el nombre del archivo aparezca en esta lista, haga clic dos veces sobre él.

En la siguiente gráfica, podrá seguir el proceso de abrir un archivo en Windows 95/98/Me desde el programa con el cual lo creó o desde uno compatible con el tipo de archivo que va a usar. Sin embargo, si recibe un archivo creado con un procesador de palabras que no conoce y sólo tiene "Wordpad", tal vez pueda abrirlo eligiendo la opción de verlo como archivo de sólo texto, "Text Only".

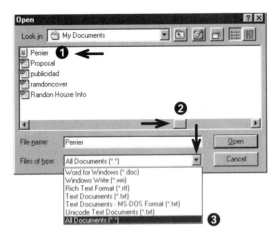

Guíese por la gráfica anterior para abrir archivos en Windows 95/98/Me.

1. Abra el programa con el que desea trabajar y coloque el indicador sobre "File"; después arrástrelo hacia abajo y haga clic sobre "Open"; cuando la ventana anterior se abra, haga clic dos veces sobre el archivo que desee abrir.

2. Si tiene muchos archivos en esta ventana, es necesario colocar el indicador sobre esta guía, sostener el botón izquierdo del ratón y arrastrarlo hacia la derecha para verlos.

3. Si el archivo que está tratando de abrir no aparece en la lista, coloque el indicador sobre esta flecha y haga clic; ahora arrástrelo hacia abajo y haga clic sobre "All Documents (*.*)". Si lo encuentra, coloque el indicador sobre él y haga clic dos veces.

La siguiente gráfica le ayudará a seguir el proceso de buscar un archivo si éste no aparece en la primera pantalla que abra.

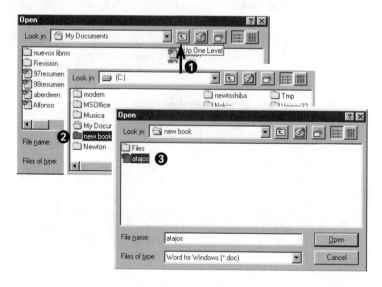

Siga los siguiente pasos, guiándose por las gráficas anteriores, para buscar un archivo si éste no aparece en la primera pantalla que abra:

1. Coloque el indicador sobre esta flecha para subir un nivel, o "Up one level", y haga clic.

2. Coloque el indicador sobre una de las carpetas en esta lista si el archivo que está buscando se encuentra dentro de ella, y haga clic dos veces.

3. Ahora coloque el indicador sobre el archivo que está buscando ("*atajos*"), y haga clic dos veces para abrirlo.

Si el archivo que está buscando no se encuentra en ninguna de las carpetas en las cuales lo buscó, tal vez sea necesario que lo busque en otro disco duro o en uno de los recursos a los cuales tiene acceso en la red local, o LAN ("Local Area Network"), a la cual usted pertenece.

La siguiente gráfica ilustra el proceso de buscar archivos en diferentes unidades de almacenamiento de datos a las cuales tiene acceso desde su computadora.

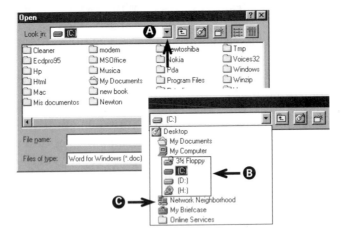

Siga los siguientes pasos, guiándose por las gráficas anteriores, para buscar un archivo en aquellos discos duros a los cuales tiene acceso:

A Coloque el indicador sobre esta flecha y haga clic.

B Coloque el indicador sobre uno de los discos en esta lista; si el archivo que está buscando está en uno de ellos, haga clic.

C Coloque el indicador sobre el símbolo de "Network Neighbohhood", si el archivo que está buscando se encuentra en su red local, y haga clic dos veces para abrirlo.

Cómo usar encontrar o "Find" para encontrar archivos

Uno de los componentes mas útiles en Windows 95/98/Me es el de "Find". Con éste es posible encontrar archivos en el disco duro, aunque haya olvidado su nombre. Para usar "Find" no es necesario saber el nombre completo del archivo porque le permite buscar archivos usando algunas de las palabras que usted puede haber utilizado para nombrarlo.

Por medio de "Find" también puede buscar archivos utilizando palabras que estén dentro de ellos; por ejemplo, si quiere buscar una carta que escribió a su congresista y no recuerda el nombre del archivo, pero recuerda que en el encabezamiento de éste escribió el nombre del destinatario, puede usar ese nombre para encontrarlo.

La siguiente gráfica representa el programa "Find".

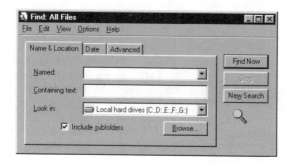

"Find" puede abrirse de dos maneras:

- Coloque el indicador sobre "Start" y haga clic; arrástrelo hacia arriba y haga clic sobre "Find".
- Coloque el indicador a "Start", haciendo clic con el botón derecho del ratón, y luego sobre "Find".

La siguiente gráfica representa el proceso de hallar un archivo que tiene la palabra "carl" en alguna parte de su nombre, usando "Find".

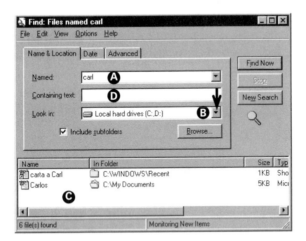

Guíese por la gráfica anterior para buscar este archivo en el disco duro, de la siguiente manera:

A En esta casilla escriba el nombre que piensa que usó para nombrar el archivo ("Carl").

B Coloque el indicador sobre esta guía si no ve enfrente de "Look in" el disco duro en el cual cree que está el archivo que busca, y selecciónelo cuando lo vea.

C Ahora puede ver el resultado de esta búsqueda. Cuando encuentre el archivo que necesita haga clic dos veces sobre él para abrirlo.

D Si todavía no lo encuentra, coloque el indicador enfrente de "Containing text" y escriba palabras que pueda haber usado dentro de este documento; finalmente, pulse ENTER.

Cómo borrar archivos

La operación de crear archivos toma espacio en el disco duro. Por este motivo puede ser necesario borrarlos para crear más campo libre en él. La operación de borrar un archivo, o "Delete", es una de las más críticas que se realiza en una computadora, ya que en la mayoría de los casos es muy difícil recobrar un archivo una vez que lo haya borrado.

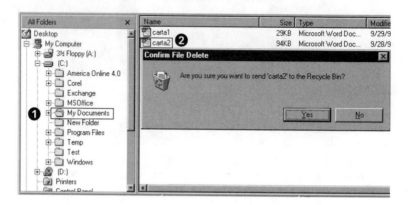

Para borrar archivos del disco duro abra el explorador y busque en él los documentos que desee borrar, para seleccionarlos de la siguiente manera:

1. Abra el explorador, y haga clic sobre la carpeta en la cual está el archivo.

2. Coloque el indicador sobre él y pulse la tecla DEL (borrar). Ahora confirme que en realidad desea borrar ese archivo pulsando la tecla ENTER.

NOTA Si tiene problemas de espacio en el disco duro y necesita borrar archivos, escoja los menos importantes y los que ocupen más espacio. Algunos de sus documentos personales, como cartas escritas con procesadores de palabras por ejemplo, toman poco espacio en su disco duro.

Cómo imprimir archivos

Imprimir desde un programa para Windows es una operación muy sencilla, y sólo requiere que tenga bien configurada su impresora en la sección respectiva. Esto por lo general se hace en el programa en el cual creó el archivo.

La siguiente gráfica representa la ventana de imprimir un archivo.

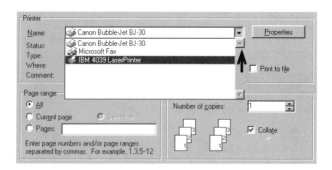

Una vez que haya terminado de trabajar en un documento lo puede imprimir de la siguiente manera:

1. Si desea imprimir un documento con el cual está trabajando, coloque el indicador a "File", arrástrelo hacia abajo y haga clic sobre "Print".

2. Si tiene acceso a varias impresoras, verifique que la impresora que desea usar aparezca en frente de "Name". Si no lo está, coloque el indicador a esta guía (señalada con la flecha) y haga clic para verla; ahora haga clic sobre ella. Pulse la tecla ENTER para imprimir.

3. Si está trabajando con un documento de muchas páginas y sólo desea imprimir la página que ve en la pantalla, coloque el indicador sobre "Current page" y haga clic, antes de pulsar la tecla ENTER. O coloque el indicador en frente de "Pages", especifique cuáles páginas desea imprimir (por ejemplo 1–10) y pulse ENTER.

Cómo usar copiar y pegar o "Copy and Paste"

Utilizando copiar y pegar es posible copiar texto, gráficas y objetos de multimedios de un archivo a otro o dentro del mismo archivo entre programas para Windows 95/98/Me o Windows NT®, sin necesidad de volver a escribir la información que necesita.

La siguiente gráfica ilustra el proceso de copiar y pegar.

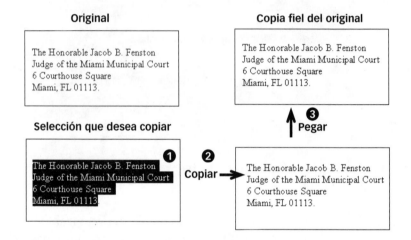

Siga los siguientes pasos para copiar y pegar:

1. Seleccione el texto, la gráfica o la foto que desee copiar.

2. Elija copiar usando la combinación de teclas CTRL+C; esta acción enviará su selección al sujetadatos electrónico, o "Clipboard", el cual borra automáticamente la información anterior cuando recibe la nueva. Cuando salga de Windows, el pizarrón electrónico perderá esta selección.

3. Pegue la información con CTRL+V, bien sea en otra página en el mismo documento o a otro documento en otro programa de Windows 95/98/Me.

El proceso de copiar y pegar puede usarse para mover información de un lado a otro en el mismo archivo. Por ejemplo, si tiene una carta de diez páginas y así lo desea, puede copiar renglones o párrafos de una a otra página.

La siguiente gráfica muestra una carta creada en Word 97 para Windows.

Guíese por la gráfica anterior y siga estos pasos para copiar y pegar:

A Éste es el objeto original de Windows que desea copiar (texto, o gráfica).

B Coloque el indicador encima de la primera letra del texto que desea copiar mientras sostiene el botón izquierdo del ratón y arrástrelo hacia la derecha y hacia abajo hasta que todo el texto que desea copiar esté sombreado (acción de barrido).

C Coloque el indicador sobre la parte sombreada; haga clic con el botón derecho del ratón y arrastre el indicador hacia abajo; luego haga clic sobre "Copy". También puede usar la combinación de teclas CTRL+C.

Como puede ver, ahora toda la información que seleccionó y copió se encuentra en el sujetadatos electrónico de Windows, lista para ser pegada. Si comete un error durante este procedimiento puede colocar el indicador a "Edit" y elegir "Undo" (deshacer).

La siguiente gráfica ilustra los pasos para pegar la información del sujetadatos electrónico.

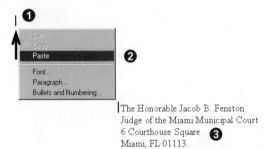

Siga los pasos de la gráfica anterior para pegar la información que copió del sujetadatos electrónico a un programa para Windows 95/98/Me.

1. Lleve el indicador exactamente al punto en el cual desea pegar esta información y pulse el botón derecho del ratón una vez.

2. Cuando vea este menú, arrastre el indicador hacia abajo y haga clic sobre "Paste". También puede usar la combinación de teclas CTRL+V.

3. Ahora tendrá una copia fiel de la información original, en el lugar que escogió.

NOTA

Estos pasos se pueden usar para copiar y pegar desde una palabra a cien o más páginas. Si elige "Cut" en vez de "Copy", la información original es borrada y enviada a lo que se llama el "Clipboard", que funciona como un sujetadatos electrónico, donde la información puede permanecer lista para usarla la próxima vez que elija "Paste".

Para recordar

- En el mundo de las computadoras un archivo es un documento electrónico. Puede ser una carta a su hijo, una foto de su graduación o los archivos de sistema que fueron instalados en su computadora por el sistema operativo Windows 98/Me o cualquier otro programa.

- Los archivos de datos son los creados por el usuario con un procesador de palabras o por su programa de dibujo, y son muy importantes porque contienen su trabajo o documentación personal.

- Los archivos de programas son los que componen cada programa, como por ejemplo los archivos del programa Word 97 para Windows.

- Los archivos de sistema son indispensables para que su computadora funcione correctamente, así que si por algún motivo borra uno de estos archivos del disco duro, su computadora puede experimentar problemas.

- Use "Find" para encontrar archivos en el disco duro si ha olvidado el nombre de los archivos.

- Copiar y pegar, o "Copy and Paste", se puede usar para copiar texto, gráficas u otros objetos de multimedios de un archivo a otro, o dentro del mismo archivo en un programa para Windows.

Los multimedios

Los multimedios o "Multimedia"

Los multimedios son el grupo de programas instalados en una computadora personal con el objetivo de reproducir sonido y video, bien con el fin único de entretener, o de aumentar la capacidad didáctica de un programa de computadoras: para facilitar el proceso de aprendizaje. Por ejemplo, si estamos estudiando un país en la clase de geografía, este tipo de programa le permitirá no sólo ver fotografías de los sitios principales, sino que también podrá escuchar su himno nacional, y hasta el sonido de su idioma.

Una computadora con el equipo apropiado tiene la capacidad de grabar y reproducir sonido en forma digital con gran fidelidad. Por ejemplo, si graba algo en el formato "WAV", hará una copia fiel de lo que grabó.

Éstos son los cuatro grupos que componen los multimedios:

- Sonido
- Video
- MIDI
- CD Music (música)

Éstos son algunos de los equipos que están a la venta y que forman parte de los multimedios:

- los CD-ROM
- los CD-ROM DVD
- Tarjetas de capturar vídeo
- Tarjetas de televisión
- Tarjetas de sonido
- Altoparlantes

Hoy en día la mayoría de las computadoras personales del tipo IBM cuentan con el equipo necesario para sacar provecho de los multimedios, y solamente algunas computadoras, las que se utilizan únicamente como terminales para redes, o "Networks", carecen del equipo necesario para ver videos y un CD-ROM para escuchar música.

Si su computadora no cuenta con el equipo necesario para usar multimedios, puede añadir uno de los "kits" que se consiguen en el mercado. En la siguiente gráfica puede ver un "kit" de multimedios de la compañía Creative Labs, que le permitirá agregar a su computadora la capacidad de disfrutar música y vídeos a través de juegos, enciclopedias, el Internet y los CD.

La compañía Creative Labs ha creado un verdadero estándar en lo que se refiere a tarjetas de sonido. Por esta razón, para utilizar algunos juegos de multimedios se necesita que su computadora tenga una tarjeta de sonido que sea compatible con una de "Sound Blaster".

La tarjeta de sonido

La tarjeta de sonido se ha convertido en un componente casi stándard en lo que se refiere al mundo de las computadoras personales, así que es casi imposible concebir la idea de una computadora sin una tarjeta de sonido. Con ésta es posible escuchar las noticias de su país desde el Internet, sus los CD de música o las explicaciones de cómo se formó el mundo en su enciclopedia de multimedios. Hoy en día existen varios tipos de tarjetas de sonido fabricadas por distintas compañías, las cuales ofrecen diferentes niveles de fidelidad.

La siguiente gráfica representa una tarjeta de sonido "Sound Blaster" fabricada por la compañía Creative Labs; ésta tiene el stándard de sonido de mayor uso hoy en día.

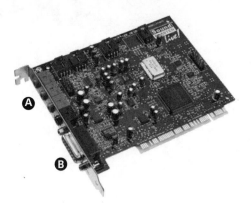

En la gráfica anterior puede identificar los elementos más importantes de esta tarjeta:

Ⓐ Éstos son los puertos de entrada y salida del sonido y el puerto del micrófono.

Ⓑ En casi todas las tarjetas de sonido verá este puerto para conectar un "joystick" para usar juegos.

Los CD-ROM

El CD-ROM de una computadora funciona casi de la misma manera que una unidad para reproducir los CD que viene incluída con casi todos los equipos de sonido, con la ventaja adicional de poder leer discos compactos que han sido escritos con datos accesibles sólo a computadoras personales. El indicativo ROM ("Read-Only Memory") significa que este tipo de CD sólo puede leer, no escribir sobre los discos.

La siguiente gráfica representa una unidad de discos compactos, o PC-DVD, de la compañía Creative Labs. Éste es un nuevo tipo de CD-ROM que le permite disfrutar de películas en su computadora personal.

Hoy en día existen varios tipos diferentes de los CD-ROM. Los más importantes son:

- **CD-ROM.** Éste es el formato más popular, y sólo le permite reproducir lo grabado en discos compactos con música o datos para computadoras.

- **CD-R.** Éste le permite reproducir discos compactos de música, así como leer y crear discos compactos de música y de datos para computadoras.

- **PC-DVD.** Este nuevo formato le permite reproducir discos compactos con música y datos en el formato DVD. Un disco del tipo DVD contiene mucha más información; por este motivo, hoy en día están saliendo películas en este formato.

Los altoparlantes

Los altoparlantes son el equipo indispensable para hacer que todo el proceso de los multimedios funcione, ya que sin el sonido para escuchar los delfines en una enciclopedia, o el llanto de un niño al nacer, no se puede decir a ciencia cierta que una computadora cuenta con el equipo necesario para disfrutar de los multimedios.

En la siguiente gráfica puede ver un juego de altoparlantes fabricado por la compañía Creative Labs.

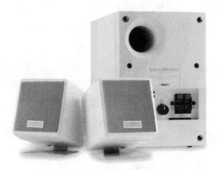

Los dos tipos más comunes de altoparlantes son:

- Los que no traen amplificación adicional, es decir, que carecen de la capacidad de amplificar el sonido que sale de una computadora.

- Los altoparlantes que amplifican la señal que sale de una tarjeta de sonido. Éstos son más costosos.

Cómo escuchar los CD de música en su computadora

Hoy en día la gran mayoría de las computadoras en venta en los Estados Unidos vienen con un CD-ROM incluido. Éste no sólo puede leer discos de programas, sino que también puede reproducir los CD de música, y le permite escucharlos a través de su tarjeta de sonido o a través de la salida de sonido que se encuentra en la parte exterior del CD-ROM.

La siguiente gráfica ilustra el proceso de usar los CD de música.

CD Player

Guíese por las gráficas anteriores para usar los CD de música de la siguiente manera:

Ⓐ Una vez que ponga el CD de música que desea escuchar, verá este símbolo en su barra de tareas. Esto le indica que el CD está funcionando bien; si no escucha ningún sonido, simplemente suba el volumen.

Ⓑ Si desea cambiar la selección que desea escuchar, haga clic sobre el símbolo de "CD Player" en la barra de tareas para abrir los controles de "CD Player". Éstos se parecen mucho a los de un "CD player" regular. Para usarlos, coloque el indicador sobre ellos y haga clic una vez.

Los archivos de tipo "WAV" y "MIDI"

Un archivo del tipo "WAV" es el archivo stándard creado para guardar sonido en computadoras del tipo IBM compatible y se reconoce por tener la extensión "WAV". Este archivo puede ser grabado en fidelidades de 8 y 16 bits. Un archivo de este tipo de 16 bits puede tomar cerca de 1 MB por minuto de grabación.

La siguiente gráfica representa la manera en que puede ver un archivo de tipo "WAV" en el explorador.

Jungle Windows Start   464KB   Wave Sound

Los archivos del tipo "MIDI" son otro tipo de archivos que se usan para grabar y reproducir sonidos y se reconocen por tener la extensión "MID" o "RMI". Este tipo de archivo usa mucho menos espacio en el disco duro, porque a diferencia de los archivos "WAV", un archivo "MIDI" no guarda el sonido completo sino las instrucciones necesarias que una tarjeta de sonido debe seguir para reproducirlo.

La siguiente gráfica representa la manera de ver un archivo de tipo "MIDI" en el explorador.

Mozart's Symphony No. 40   18KB   MIDI Sequence

De esta manera, un archivo "MIDI" de un minuto puede ocupar 10k de espacio en el disco. En contraste, la misma grabación con la misma duración en un archivo del tipo "WAV" puede tomar un megabyte de espacio en su disco duro.

En la mayoría de los casos, este tipo de archivo se encuentra en programas como enciclopedias y juegos, pero también se puede crear en su computadora por medio de la grabadora de sonido, usando, por ejemplo, la voz de su hijo.

La siguiente gráfica muestra cómo, cuando hace clic sobre un archivo en el explorador, éste abre un componente de Windows 95/98/Me que reproduce el sonido.

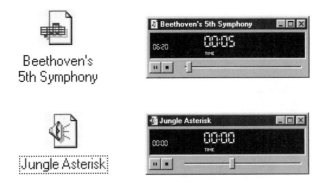

Estos archivos se pueden escuchar de varias maneras; algunas de las más comunes son:

- Colocando el indicador sobre el nombre del archivo y haciendo clic.
- Abriendo el "Media Player". Este componente puede reproducir archivos de muchos tipos diferentes, entre ellos archivos del tipo "MIDI" y "WAV".

Cómo añadirle un esquema de sonido a Windows® 95/98/Me

En Windows 95/98/Me existe lo que se llaman esquemas de sonido. Por medio de éstos, si tiene una tarjeta de sonido puede añadir sonidos a acciones, como por ejemplo la notificación de que recibió un correo electrónico. Para cambiar el esquema de sonido, use el programa de propiedades de sonido que se encuentra en el panel de controles.

La siguiente gráfica representa el programa de propiedades de sonido.

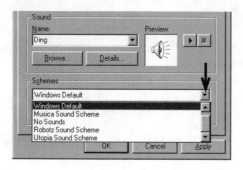

Abra el control de propiedades de sonido de la siguiente manera:

1. Coloque el indicador sobre "Start", y haga clic sobre él.

2. Arrastre el indicador hacia arriba y cuando llegue a "Settings" arrástrelo hacia la derecha y haga clic sobre "Control Panel".

3. Busque el símbolo del componente "Sounds" y haga clic sobre él. Coloque el indicador sobre la guía indicada por la flecha y haga clic sobre el esquema que desee usar (en este caso, "Windows Default"). Después colóquelo sobre "Apply", y haga clic.

Como usar el "Media Player"

Éste es un componente de Windows que le permite trabajar con varios tipos de archivos de multimedios. Para abrir este componente de Windows 95/98/Me coloque el indicador sobre "Start" y haga clic; ahora arrastre el indicador hacia arriba y haga clic sobre "Run". Enfrente de "Open", escriba "*c:\windows\mplayer.exe*" y pulse la tecla ENTER.

La siguiente gráfica describe el proceso de usar el "Media Player".

Guíese por la gráfica anterior, y siga la siguientes pasos para buscar el archivo que desee usar con el "Media Player":

1. Coloque el indicador a "File" y haga clic; arrástrelo hacia abajo y haga clic sobre "Open".

2. Coloque el indicador sobre el archivo que desea usar y haga clic sobre él dos veces para abrirlo.

Una vez que elija el archivo que desea ver, los controles del "Media Player" (semejantes a los controles de un CD player) cambiarán y mostrarán el botón de "Play".

La siguiente gráfica muestra cómo usar el "Media Player".

Siga la gráfica anterior para usar el "Media Player" de la siguiente manera:

Ⓐ Cuando elige un archivo para reproducirlo en el "Media Player", la barra de controles de éste se activa (los botones cambian de gris a negro). Para comenzar a reproducir esta película, coloque el indicador sobre el primer símbolo y haga clic.

Ⓑ Ahora puede ver cómo el primer y segundo botón en la barra de controles cambiaron. Si desea parar la película, coloque el indicador sobre el segundo símbolo y haga clic.

Ⓒ Esta es la película que eligió. Si quiere puede cambiar esta ventana de tamaño, hasta hacerla ocupar toda la pantalla,con el fin de ver la película mejor.

Cómo instalar una cámara digital en Windows® Me

Para usar una cámara digital es necesario conectarla a la computadora, después indicarle al sistema operativo de qué compañía y modelo es esta cámara. Una cámara digital se puede instalar usando el programa "Scanners and Cameras", o el programa que vino incluido con la cámara.

Para abrir este programa haga clic sobre "Start", arrastre el indicador hacia arriba y haga clic sobre "Settings". Después arrástrelo hacia la derecha y haga clic sobre "Control Panel", en este grupo de programas haga clic sobre "Scanners and Cameras".

La siguiente gráfica representa la manera de añadir una cámara en Windows® Me.

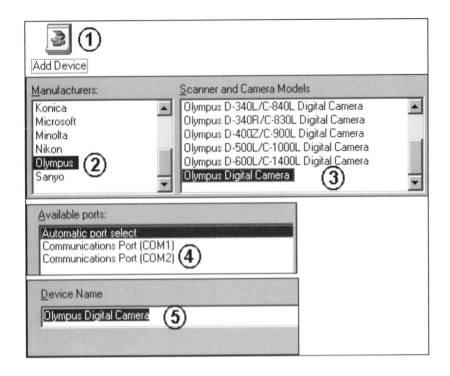

La siguiente es la manera de indicarle al sistema operativo que cámara desea instalar:

1. Haga clic sobre "Add device"; después haga clic sobre "Next".

2. Haga clic sobre la marca de la cámara que desea instalar.

3. Haga clic sobre el modelo; después haga clic sobre "Next"

4. Haga clic sobre "Automatic port select" y después haga clic sobre "Next".

5. Para terminar este proceso haga clic sobre "Next" y después clic sobre "Finish".

Cómo copiar fotografías al archivo de mis imágenes o "My Pictures"

Ésta es un archivo que organiza automáticamente las fotografías conforme las vaya importando de su cámara digital, y se encuentra dentro de el archivo de mis documentos o "My Documents". En esto archivo sus fotografías serán vistas a escala, esto con el objeto de que si tiene muchas fotografías las pueda revisar mas rápidamente.

La siguiente es la manera de importar fotos a esto archivo, a través del puerto serial:

1. Prenda la cámara y conéctela a un puerto serial, o al puerto que el software que vino con la cámara le indique que debe usar (este puede ser un puerto USB).

2. Ahora haga clic sobre "Start", arrastre el indicador hacia arriba sobre "Documents".

3. Después arrastre el indicador hacia la derecha y haga clic sobre "My Pictures".

4. En esta ventana haga clic sobre "Get pictures from a scanner or camera".

5. En el próximo recuadro haga clic sobre "Next".

6. Seleccione las fotografías que desea copiar a este directorio de esta manera: Haga clic sobre la fotografía que desea usar. Si desea copiar otra sostenga la tecla CTRL y haga clic sobre todas las otras fotografías que desea copiar al archivo de "My Pictures". Después haga clic sobre "Next".

7. Si desea copiar todas las fotografías que estan en la cámara haga clic sobre "Select All", y después haga clic sobre "Next".

La siguiente gráfica representa el próximo recuadro que vera cuando hace clic sobre "Next".

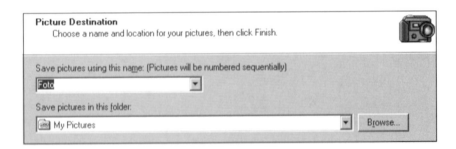

En el recuadro anterior haga clic sobre "Finish", para guardar sus fotos al archivo de "My Pictures".

Cuando la cámara termine de enviar las fotografías a la computadora, el archivo de "My Pictures" abrirá mostrándole todas las fotos que acaba de copiar.

En la siguiente gráfica puede ver algunas fotografías que una cámara digital envió al archivo de "My Pictures".

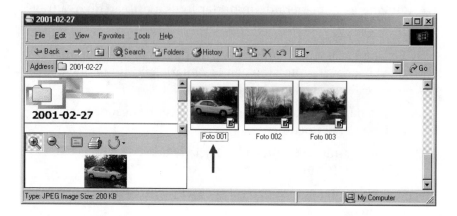

En el recuadro anterior puede ver las fotografías que fueron copiada en febrero 27, para ver una fotografía completa haga clic sobre ella.

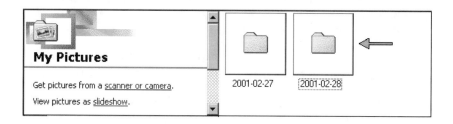

Si desea regresar a trabajar con estas fotografías, haga clic dos veces sobre el archivo que las contiene, dentro de el archivo de "My Pictures".

Cómo usar el control de volumen

En Windows 95/98/Me se puede ajustar el volumen desde el área de trabajo de manera muy fácil. El control de volumen ("Volume Control") también puede disminuir la señal que es enviada a los altoparlantes con un amplificador; estos últimos se controlan mejor dejando la configuración del volumen en alto, cambiando cuando sea necesario con los botones de los parlantes.

La siguiente gráfica representa el control de volumen.

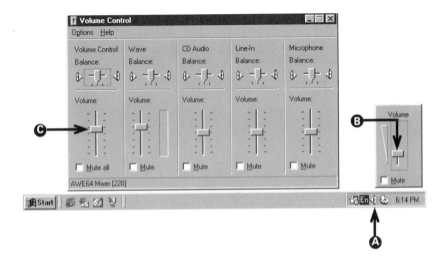

Guíese por la gráfica anterior y siga estos pasos para subir o bajar el volumen:

A Coloque el indicador a este símbolo de sonido, en la barra de tareas, o "Taskbar", y haga clic.

B Ahora puede ver este pequeño control de volumen. Coloque el indicador sobre la guía (señalada por la flecha) y sostenga el botón izquierdo del ratón pulsado mientras la mueve hacia arriba para subir el volumen o hacia abajo para disminuirlo.

C Si hizo clic dos veces sobre el símbolo de sonido, indicado por una corneta en la barra de tareas, podrá ver este panel de controles, con el cual se pueden graduar más elementos de sonido. Utilice éstos de la misma manera que cambió el volumen, moviendo la guía con el indicador.

Para recordar

- Los multimedios son el grupo de programas instalados en una computadora personal con el objetivo de reproducir sonido y vídeo, bien con el fin único de entretener, o de aumentar la capacidad didáctica de un programa de computadoras para facilitar el proceso de aprendizaje.

- La compañía Creative Labs ha creado un verdadero estándar en lo que se refiere a tarjetas de sonido. Por esa razón, para utilizar algunos juegos de multimedios se necesita que su computadora tenga una tarjeta de sonido que sea compatible con una de "Sound Blaster".

- Un archivo del tipo "WAV" es el archivo stándard creado para guardar sonido en computadoras del tipo IBM compatible, y se reconoce por tener la extensión "WAV".

Funciones nuevas en Windows® 98

Funciones nuevas en Windows® 98

Windows 98 salió a la venta en agosto del año 1998, y en términos generales es muy parecido al sistema operativo Windows 95. Esto se debe al deseo de la compañía Microsoft de evitar que los usuarios que hoy en día saben usar Windows 95 tengan que aprender a usar todas las funciones de este nuevo sistema operativo.

Las diferencias que existen entre estos dos sistemas operativos son difíciles de percibio a primera vista, ya que la mayoría de las funciones se realizan de la misma manera en ambos sistemas.

Las diferencias principales consisten más que todo en la adición de una serie de componentes que hacen de Windows 98 un sistema operativo más estable y mucho más completo.

Si todavía usa Windows 95, y desea actualizar su computadora a Windows 98, es importante que lea en el primer capítulo, acerca de los requisitos de este sistema, ya que de lo contrario puede tener muchos problemas cuando realice esta actualización.

Las siguientes son algunas de las ventajas de Windows 98:

- Mejor integración con el Internet a través del "Active Desktop"
- Más capacidad de almacenar datos en un disco duro usando el método Fat 32
- La capacidad de usar dos monitores a la vez
- Mejor soporte para el equipo que utiliza el nuevo puerto USB
- Mejor soporte para el equipo "Plug and Play"
- Más componentes para diagnosticar problemas con su computadora

La siguiente gráfica representa el área de trabajo de Windows 98, la cual aparece inmediatamente después de prender la computadora. En ella puede ver la ventana de "Welcome to Windows 98" y la barra de canales, o "Channel Bar".

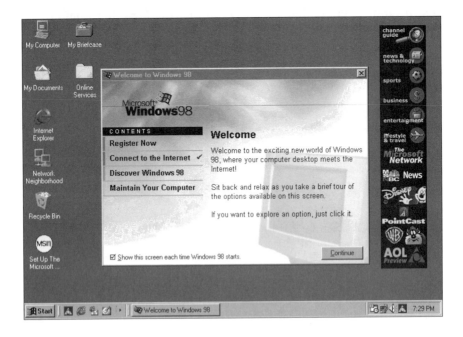

La gráfica anterior representa el área de trabajo activo. Utilizando ésta podrá ver una página Web sin necesidad de abrir un navegador, lo cual es muy útil para crear una integración verdadera entre sus recursos locales y el Internet.

Cómo configurar el área de trabajo activa o "Active Desktop"

En las páginas siguientes podrá guiarse por las gráficas y las instrucciones debajo de éstas para cambiar del área de trabajo regular al área de trabajo activa.

La siguiente gráfica describe el proceso de cambiar la configuración del área de trabajo.

Guíese por las gráficas anteriores para cambiar la configuración del área de trabajo:

1. Coloque el indicador sobre cualquier parte libre en el área de trabajo (sin símbolos o "Icons") y haga clic con el botón derecho del ratón; ahora colóquelo sobre "Active Desktop", después hacia la derecha y hacia abajo y haga clic sobre "Customize my Desktop".

2. Coloque el indicador sobre "View my Active Desktop as a web page" y haga clic; después haga clic sobre "Internet Explorer Channel Bar".

3. Coloque el indicador sobre "Folder Options" y haga clic. En la próxima ventana pulse la tecla ENTER para continuar configurando el área de trabajo.

Cuando vea la siguiente gráfica, coloque el indicador sobre "Web style" y haga clic para seleccionarlo. Finalmente, pulse la tecla ENTER.

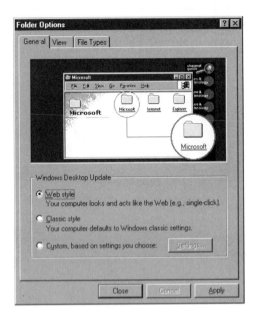

Ahora el área de trabajo tomará algunas de las propiedades de una página Web en un navegador.

Si cambia la configuración del área de trabajo a "Web style", le será posible abrir programas o atajos que se encuentren en el área de trabajo o en el explorador haciendo clic una vez sobre ellos, en vez de los dos clics necesarios en Windows 95.

La siguiente gráfica representa el "Active Desktop" en una computadora usando el sistema operativo Windows 98. En ésta puede ver cómo los símbolos tienen letras blancas debajo de ellos, y cómo cuando pasa el indicador sobre uno de ellos éste cambia a una mano, tal como sucede cuando está usando el Internet con un navegador.

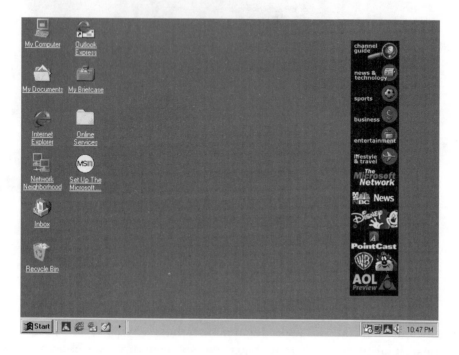

En las páginas siguientes verá más información acerca de cómo añadir elementos al área de trabajo activa.

Cómo añadirle elementos al área de trabajo activa

Ya vimos que el área de trabajo se puede comportar como la página Web de un navegador. También es posible añadirle elementos que verdaderamente activarán a ésta con anuncios animados y barras de noticias. Para añadirle un elemento activo es necesario tener una conexión del tipo ISP que usa el protocolo IP; es decir, que si tiene solamente un servicio en línea como AOL, puede que este procedimiento no funcione.

La siguiente ventana le invita a añadirle un elemento activo.

Siga estos pasos para añadirle un elemento activo:

1. Establezca una conexión al Internet con su ISP.
2. Coloque el indicador sobre cualquier parte libre en el área de trabajo (sin símbolos o "Icons") y haga clic con el botón derecho del ratón. Coloque el indicador sobre "Active Desktop"; después hacia la derecha y hacia abajo y haga clic sobre "Customize my Desktop".
3. Coloque el indicador sobre "New" y haga clic.
4. Cuando vea la gráfica anterior, pulse la tecla ENTER.

Ahora puede ver cómo su navegador se abre para buscar el elemento que desea añadirle a su área de trabajo activa.

Guíese por la gráfica anterior para añadirle un elemento activo de la siguiente manera:

1. Coloque el indicador sobre esta guía y sostenga el botón izquierdo del ratón mientras la arrastra hacia abajo para poder ver el resto de esta página Web.

2. En esta línea escriba la descripción del tipo de componente que busca.

3. Coloque el indicador sobre "Search" y haga clic.

4. Si el elemento que está buscando no aparece en la lista de la izquierda, coloque el indicador sobre esta flecha y haga clic para buscarlo. Por ejemplo, si desea añadir el componente de "NBC", coloque el indicador sobre él y pulse el botón izquierdo del ratón (sin soltarlo) mientras arrastra este símbolo afuera del navegador hacia el área de trabajo.

Ahora verá una ventana en la cual se le pregunta si desea añadir un elemento activo a su área de trabajo.

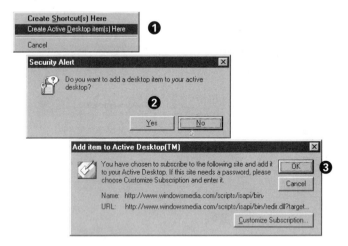

Guíese por las gráficas anteriores y siga los siguientes pasos para terminar este proceso de añadirle un elemento activo a su área de trabajo:

1. Ahora arrastre el indicador hacia abajo y haga clic sobre "Create Active Desktop item(s) Here".

2. Cuando vea esta ventana, pulse la tecla ENTER.

3. Finalmente, pulse la tecla ENTER para copiar este elemento a su área de trabajo activa.

Cuando termine de copiar este elemento activo a su área de trabajo con este proceso, puede ser necesario cambiarlo de tamaño para verlo mejor.

Finalmente, puede ver en la siguiente gráfica cómo, si desea, puede hacer que este elemento se mezcle con los demás componentes de Windows (como "My Computer") y que tome toda el área de trabajo activa.

Recuerde que para que este elemento funcione de la misma manera que una página Web de un navegador, debe mantenerse abierta una conexión al Internet.

La barra de canales o "Channel Bar"

Ésta es una de las adiciones a Windows 98 que le permite visitar páginas virtuales, haciendo clic sobre los símbolos que se encuentran en esta barra, localizada en el área de trabajo.

Por ejemplo, si desea visitar la revista *Semana* de Colombia, una vez que establezca una conexión al Internet con su ISP, coloque el indicador sobre el símbolo de "Semana" y haga clic.

Para poder ver esta barra de canales, es necesario que su área de trabajo esté en la configuración de "Active Desktop". En la página siguiente puede ver información acerca de cómo añadir un elemento a esta barra activa.

Cómo añadirle elementos a la barra de canales

A este componente de Windows 98 también se le pueden añadirle diferentes elementos. Por ejemplo, si está visitando la página Web de la revista *Semana*, puede ver claramente en ésta un símbolo que le pregunta si desea añadir esta página Web a su barra de canales.

En la siguiente gráfica puede ver cómo añadirle un elemento nuevo a la barra de canales.

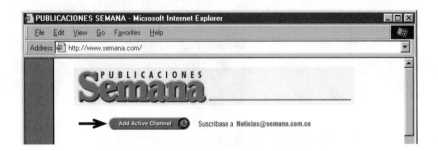

Si desea añadirle este servidor Web a su barra de canales, coloque el indicador sobre "Add Active Channel" y haga clic.

Cuando vea la siguiente ventana, pulse la tecla ENTER.

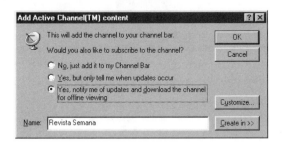

En la siguiente gráfica puede ver la barra de canales a la izquierda de la página Web. Si desea cambiar a otro servidor Web, coloque el indicador a una de las categorías (como por ejemplo "Business") y haga clic una vez para buscar a éste.

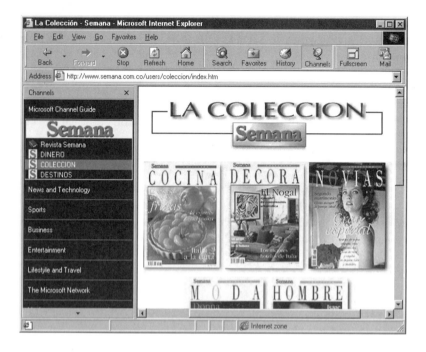

De esta manera le es posible visitar diferentes servidores Web sin necesidad de escribir la dirección Web de cada uno. Coloque el indicador sobre el menú de canales de la izquierda si desea cerrar el menú de canales, y haga clic sobre la X al lado de la palabra "Channels".

El concepto de "Plug and Play"

Windows 95/98 implementaron por primera vez un sistema llamado "Plug and Play". Éste permite que una computadora reconozca y configure, casi automáticamente, cualquier equipo que sea conectado a ésta, como tarjetas de video e impresoras, la primera vez que prende su computadora después de añadir este complemento.

Si Windows 98 es usado en un sistema más o menos reciente, implementa mejor el sistema de "Plug and Play" que Windows 95. Es decir, que en Windows 98 se puede ver cómo las tarjetas comparten recursos casi sin la intervención de los usuarios.

Para que "Plug and Play" funcione, su equipo debe ser compatible con el stándard de "Plug and Play". Por lo general se puede decir que casi todo el equipo nuevo que compre hoy en día es "Plug and Play". Las siguientes son las características que su equipo debe reunir para que "Plug and Play" funcione:

- El "BIOS" de su computadora debe ser compatible con "Plug and Play".
- Usar un sistema operativo como Windows 98, que permita "Plug and Play".
- El equipo que está tratando de añadirle tiene que ser compatible con "Plug and Play".

Si tiene un sistema moderno y necesita añadirle equipo, como por ejemplo un módem, compre siempre tarjetas que sean del tipo "PCI". Éstas son muchos más rápidas que las tarjetas del tipo "ISA" y trabajan mejor en el esquema de "Plug and Play".

Para recordar

- Windows 98 salió a la venta en agosto del año 1998, y en términos generales es muy parecido al sistema operativo Windows 95.

- Las diferencias entre los dos sistemas operativos consisten más que todo en la adición de una serie de programas que hacen que Windows 98 sea un sistema operativo más estable y mucho más completo.

- Cuando cambia a este tipo de configuración, los símbolos en su área de trabajo aparecen con un línea en la parte de abajo, y el ratón cambia a una mano cada vez que pasa a éste sobre el símbolo, de la misma manera que funciona un navegador cuando está buscando información en el Internet.

- Ahora el área de trabajo tomará algunas de las propiedades de una página Web en un navegador. De esta manera podrá abrir programas o atajos que se encuentren en el área de trabajo o en el explorador haciendo clic una vez en vez de dos veces.

- Windows 95/98 implementan por primera vez un sistema llamado "Plug and Play". Éste permite que una computadora reconozca y configure, casi automáticamente, cualquier equipo que sea conectado a ella, como tarjetas de video e impresoras, la primera vez que prende su computadora después de añadirle este sistema.

El Internet

El Internet

El Internet es el conglomerado de computadoras más grande que existe en el mundo. A ésto se debe que la diseminación de la información suceda de manera instantánea.

La siguiente gráfica ilustra la cobertura que tiene el Internet. A él están conectadas cientos de miles de computadoras alrededor del mundo.

Cuando piense en el Internet considere lo siguiente:

- El Internet no pertenece a ningún gobierno o persona en particular.
- Las líneas de teléfono usadas para llevar la información pertenecen a su compañía local, o a una internacional, como por ejemplo AT&T.
- La mayoría de la información en el Internet es gratis; si alguien le quiere cobrar por ella, trate de buscar otro servidor Web que no le cobre.
- El Internet está regulado por una asociación que también decide la asignación de Territorios Virtuales ("Domain Names"), como por ejemplo IBM.com.

Cómo conseguir acceso al Internet

El Internet, por ser una red de computadoras, debe ser conectado a través de un cable (como su línea de teléfono) u otro medio de transmisión que inclusive puede ser inalámbrico. Lo importante es que el sistema que se utilice sea capaz de enviar y recibir información a una velocidad suficiente como para poder transmitírsela al usuario de la manera más rápida posible.

La forma más común de conseguir este servicio es a través de servicios en línea (como America Online y MSN) o un ISP. Un proveedor de servicio al Internet, o ISP, se caracteriza por tener menor contenido informativo en sus computadoras, y por esta razón el tipo de servicio que ofrece puede ser mas rápido.

Las siguientes son las maneras más comunes de conectarse al Internet:

- Por medio de un módem y una línea de teléfono regular.
- Por medio de un módem y una línea de teléfono digital (ISDN).
- A través de la red local (LAN) de una compañía.

El Web

No se sabe con seguridad quién fue el primero que utilizó este término. Lo importante es que la palabra se usa actualmente en diferentes idiomas y en casi todos los países del mundo para describir la red que utilizamos al efectuar las distintas operaciones que efectuamos a través del Internet, ya sea para conversar o para localizar diferentes clases de información.

Recordemos que cuando Cristóbal Colón descubrió el nuevo mundo su viaje le tomó más de dos meses. Pues bien, hoy en día es posible seguir la ruta de Colón sin necesidad de subirse en una carabela y visitar todavía más países desde la comodidad de su casa, sin exponerse a infrentar alguna tempestad.

Hoy en día esta red es utilizada en forma cotidiana por millones de personas alrededor del mundo con propósitos muy variados, tal como realizar negocios de todo tipo, conducir programas educativos, comunicarse con parientes y amigos o usanlos sólamente para entretenimiento.

La reglas básicas para la navegación en el Web son las siguientes:

- Tener una computadora personal o un sistema que le permita acceso al Internet
- Tener un navegador
- Tener una conexión, directa o indirecta, al Internet

NOTA

En la actualidad existen ya algunas compañías que están empezando a vender equipos de acceso al Internet que funcionan conectadas a su televisor. Este sistema se llama Web TV, pero no reemplaza de ninguna manera a una computadora personal.

¿Qué es un navegador?

Éste es un programa que le permite hallar, bajar y mostrar archivos con texto, video, sonido y todas la gráficas que comprenden una página virtual. Éste descifra internamente todas las instrucciones que recibe su computadora a través del Internet y las presenta en su pantalla como texto y gráficas.

Usando un navegador puede usted visitar un servidor en Rusia y después otro en Africa, todo en unos pocos minutos. Así tendrá la ilusión de estar viajando a diferentes sitios del mundo y ampliar, por supuesto, sus posibilidades de informarse mejor acerca de lo que sucede en otras latitudes. Los sitios que usted visita con su navegador se llaman páginas Web, o "Web pages".

Hoy en día muchas compañías utilizan navegadores para distribuir información internamente; las redes de este tipo se llaman "Intranets".

Dos navegadores se han destacado en los últimos años por la cantidad de adelantos técnicos que utilizan en la presentación de la información. Por la misma razón, ellos cuentan con un mayor número de usuarios:

- Internet Explorer, de la compañía Microsoft.
- Netscape, de la compañía Netscape Communications.

Estos navegadores se han venido mejorando de una manera considerable en comparación con los navegadores antiguos, y cada vez que uno de ellos cambia de una manera substancial, recibe otro número de versión para indicar que dicho navegador es más reciente que la versión anterior.

Internet Explorer 5.0

Éste es uno de los navegadores que mayor popularidad ha tenido desde su introducción en 1995 por la compañía Microsoft. El Internet Explorer está basado en el navegador Mosaic creado por el Centro Nacional de aplicaciones para supercomputadoras (CERN), de la Universidad de Illinois en su sucursal de Urbana-Champaign.

El Internet Explorer es distribuído en forma gratuita por la compañía Microsoft, como parte del sistema operativo Windows® 98/Me, o visitando la página virtual de la misma compañía.

Los siguientes ejemplos fueron creados con Internet Explorer 5.0; por esa razón si tiene una versión diferente del Internet Explorer las funciones pueden ser un poco distintas.

Si desea usar Internet Explorer para navegar en el Web es necesario que establezca una conexión al Internet usando un servicio en línea, una cuenta de su proveedor de servicio al Internet (ISP), o una conexión a través de una red (LAN).

Internet
Explorer

Una vez que establezca una comunicación con su ISP, coloque el ratón encima del símbolo de Internet Explorer y pulse el botón izquierdo dos veces. Si el símbolo de Internet Explorer no está en su pantalla, búsquelo colocando el ratón a "Start", luego a "Program" y finalmente a Internet Explorer 5.0.

Requisitos para usar Internet Explorer 5.0

Si usted desea usar Internet Explorer 5.0 lo ideal sería que tuviera las siguientes especificaciones en su computadora personal:

- Pentium de al menos 100 MHz.
- 24 MB de RAM.
- 150 MB libres en el disco duro.
- Tarjeta y monitor SVGA.
- Conexión al Internet por medio de un proveedor de servicio al Internet (ISP), o un servicio en línea.

Si después de leer este capítulo desea actualizar su versión de Internet Explorer, recuerde que instalar una versión nueva de un programa le puede crear algunas dificultades. Por esa razón, si no tiene mucha experiencia instalando programas, trate de buscar la ayuda de una persona calificada.

NOTA

Los sistemas operativos Windows® 98/Me son plataformas ideales para navegar en el Internet, ya que debido a su naturaleza gráfica el Internet se convierte en una extensión de éstos. Con estos sistemas operativos es posible inclusive, ver páginas Web en el área de trabajo.

La pantalla de entrada a Internet Explorer 5.0

La siguiente gráfica representa la pantalla de entrada al navegador Internet Explorer 5.0. En este momento el navegador está recibiendo información de la página virtual del servidor de la compañía Amazon.com.

Los siguientes son los componentes principales que encontrará en el navegador Internet Explorer 5.0:

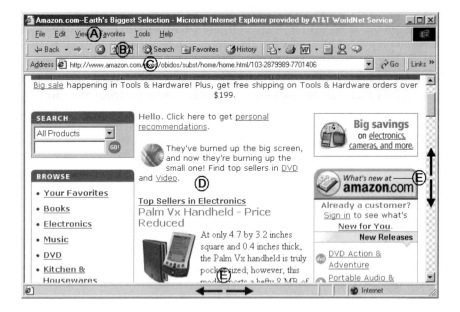

Guíese por la gráfica anterior, y siga las letras para encontrar la función de cada componente en este navegador.

Ⓐ Los menús de funciones. Estos se pueden usar con el ratón, o con el teclado.

Ⓑ La barra de herramientas.

Ⓒ La dirección virtual o URL.

Ⓓ El área de trabajo.

Ⓔ Las flechas de subir o bajar y las horizontales, que le permiten mover una página de arriba a abajo o de un lado a otro, cuando la página virtual que está mirando no ocupa toda la pantalla y usted desea ampliarla.

Cómo navegar en el Web ("Surf the Web")

No se sabe con seguridad quién fue el primero que utilizó esta frase. Lo importante es que ella se usa actualmente en diferentes idiomas y en casi todos los países del mundo para describir las distintas operaciones que efectuamos a través del Internet, ya sea para conversar o para localizar diferentes clases de información utilizando este medio.

En la próxima página aprenderá a navegar en el Web con Internet Explorer.

En la siguiente gráfica es el símbolo de Internet Explorer.

En la gráfica anterior puede ver la mano que le permite cambiar de un servidor Web a otro y de una página Web a otra, todo esto, por supuesto, sin necesidad de salir de su casa ni usar el pequeño velero de la derecha.

Cómo usar los enlaces o "links" para navegar en el Web

En la siguiente gráfica aparece el área de trabajo de un navegador. Cada vez que pasa el ratón encima de un enlace, una mano le indica que detrás de esa palabra, o esa gráfica, existe un enlace que puede perseguir para visitar otra página virtual u otro servidor Web totalmente nuevo.

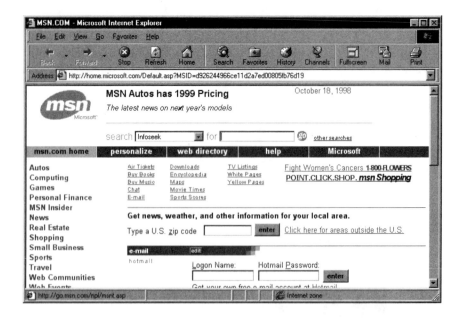

Como puede ver en la gráfica anterior, cuando coloca el ratón sobre un enlace (en este caso "POINT.CLICK.SHOP.msn Shopping"), o sea, una sección de la información que aparece en la pantalla, y la selecciona, éste le da la orden al navegador para visitar y cargar, o sea, desplegar en el área de trabajo la página Web correspondiente.

El correo electrónico

El correo electrónico convierte a su computadora en un mensajero de servicio postal virtual. Así que su computadora funciona como un servidor postal que siempre está listo a entregarle sus mensajes con la eficacia del mejor cartero.

La siguiente gráfica ilustra cómo una computadora personal se puede convertir en un buzón virtual desde el cual se pueden enviar y recibir todo tipo de mensajes y documentos 365 días al año y 24 horas al día.

**El correo electrónico
(e-mail)**

 A diferencia de un buzón común y corriente, en el cual el cartero levanta la bandera roja para anunciar el correo, es necesario prender la computadora y entrar a su servicio en línea para recibir la notificación de que recibió correo electrónico.

Para recordar

■ El Internet es el conglomerado más grande de computadoras en todo el mundo. A ésto se debe que la diseminación de la información ocurra de manera instantánea.

■ Un navegador es un programa que le permite hallar, copiar y mostrar archivos con texto, vídeo, sonido y todas la gráficas que comprenden una página virtual.

■ La expresión "navegar en el Web" se usa para describir las distintas operaciones que efectuamos a través del Internet, ya sea para conversar o para localizar diferentes clases de información utilizando este medio.

■ El correo electrónico convierte a su computadora en un mensajero de servicio postal virtual.

Las redes locales o los LAN

10

Las redes locales o los LAN

Se denomina como red local a un conjunto de computadoras próximas unas a las otras y conectadas por medio de cables. En los últimos años, millones de negocios de todo tamaño han conectado a sus usuarios a este tipo de redes locales, con el propósito de permitirles compartir archivos y otros recursos, como por ejemplo las impresoras. En esta forma, compañías pequeñas, colegios y universidades no tienen necesidad de adquirir una impresora por cada usuario, lo cual ya significa de por sí un ahorro considerable.

La siguiente gráfica representa el diagrama de una red del tipo Windows NT® 4.0. En este caso la computadora más grande se denomina el servidor, y las pequeñas son las computadoras que componen la red, o los clientes. Éstas pueden usar las impresoras que forman parte de la red con la misma facilidad que utilizarían impresoras individuales.

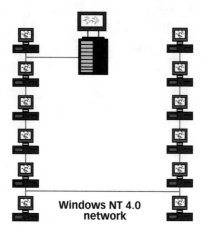

Windows NT 4.0
network

Requisitos para pertenecer a una red local

Todas las computadoras que se añadan a una red local deben llenar una serie de requisitos, que varían un poco de red a red. El más importante es que las computadoras que desea añadir a la red estén próximas la una de la otra.

Tanto Windows 95 como Windows 98, por su naturaleza gráfica, son plataformas de trabajo ideales para trabajar en medio de redes de computadoras, y para hacerlo sólo es necesario que la computadora reúna los requisitos que verá abajo.

Estos son los recursos que una computadora con Windows 95/98 debe tener para pertenecer a una red local:

- Tener una tarjeta de red que esté bien configurada.
- Tener instalado el software o cliente correspondiente.
- Estar directa (por medio de cables) o indirectamente (por medio de las líneas de teléfono) conectada a la red.
- Si desea formar parte de redes Novell 4.01 o posteriones y Windows NT® 4.0, es necesario tener cuenta de usuario, para de esta manera poder hacer uso de los recursos disponibles en la red.

En la siguiente gráfica puede ver dos tarjetas de red del tipo "Ethernet" construidas por la compañía IBM. Las tarjetas son uno de los elementos más importantes que componen una red. Las tarjetas de red vienen en muchos tipos de modelos, velocidad de transmisión de datos y precios.

La siguiente gráfica representa los dos tipos de cables más importantes que se utilizan hoy en día para conectar redes locales, o los LAN:

10Base-T (twisted pair)   10Base 2 (coaxial/thinnet)

La gráfica anterior muestra los dos tipos de cable de mayor uso en redes.

A El cable 10 BASE-T, el cual se parece mucho a un cable de teléfono, con la diferencia de ser más ancho. Éste también se conoce como RJ-45.

B El cable coaxial; se parece al del cable de la televisión. En esta gráfica, también puede ver el conector típico al cual se conecta este tipo de cable.

Cómo configurar una red del tipo igual a igual o "Peer to Peer"

Éste es un tipo de red que no requiere de un servidor central, como es necesario en Windows NT® 4.0. De esta manera, todas las computadoras conectadas a la red pueden participar en ella como miembros iguales a las demás computadoras integrantes de la red. Esta red puede ser ideal para oficinas muy pequeñas con menos de 10 usuarios, y en las cuales sólo se desea compartir una buena impresora de color o del tipo láser.

Éstos son los pasos necesarios para configurar una red de computadoras "Peer to Peer":

1. Añada a cada una de las computadoras que formarán parte de esta red una tarjeta para redes (preferiblemente use tarjetas con un puerto RJ-45; éste es parecido al conector del teléfono).

2. Conecte las computadoras entre sí por medio de cables; si utiliza tarjetas con un puerto RJ-45, use una pequeña central, o "Hub".

3. Configure el cliente para redes Microsoft, y añada el protocolo "NetBEUI", incluyendo nombre de usuarios en el panel de controles del vecindario de la red.

4. Configure la opción de compartir impresoras locales o discos en cada una de las computadoras cuyos usuarios desean compartir estos recursos.

Recuerde que si trabaja en una oficina con personal dedicado a la función de dar ayuda técnica a los usuarios, nunca debe cambiar la configuración de la computadora por su cuenta, ya que son estas personas, y no usted como usuario, los encargados de realizar estos cambios.

Cómo conectar las computadoras entre sí

Una de las operaciones más importantes para establecer una red es la de conectar los equipos entre sí. Si usa tarjetas del tipo RJ-45 es necesario que todas las computadoras que añada a esta red estén conectadas a una concentradora, o "Hub" (compre una concentradora con los puertos RJ-45).

Esta concentradora, o "Hub", debe disponer de un número suficientes de puertos para conectar a todas las computadoras que formarán parte de la red. Si utiliza tarjetas RJ-45 use también cable RJ-45, el cual tiene un conector como el del teléfono, pero más ancho.

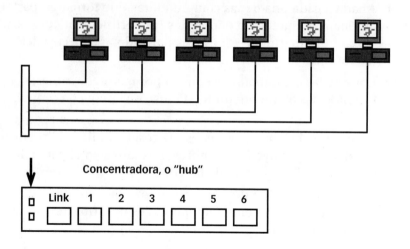

Concentradora, o "hub"

El diagrama anterior muestra claramente cómo conectar todas estas computadoras a su red; este proceso se realiza de la siguiente manera:

1. Conecte la primera computadora al primer puerto en la concentradora.

2. Luego conecte la segunda al segundo puerto, y así sucesivamente.

3. Algunas centrales disponen de un puerto ("link") que le permitirá conectar esta central a otra concentradora si más tarde necesita añadir nuevos usuarios a la red.

Abra el panel de control de clientes y protocolos en las computadoras que ya tengan tarjetas para red con el fin de averiguar si falta agregar algo a la configuración de ese panel para que estas computadoras puedan formar parte de la red.

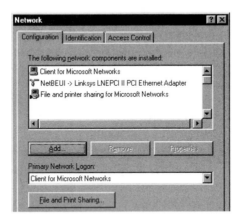

Abra este panel de controles de la siguiente manera:

1. En el área de trabajo, o "Desktop", coloque el indicador sobre el símbolo de "Network Neighborhood" y haga clic con el botón derecho del ratón.

2. Arrastre el indicador hacia abajo y haga clic sobre "Properties".

En este ejemplo (la gráfica superior) puede ver que el cliente y el protocolo necesarios para pertenecer una red igual a igual ya están instalados. Si no lo están, siga las instrucciones de la próxima página para añadirlos; en este caso sólo será necesario verificar en "Identification" a qué grupo pertenece esta computadora.

Cómo instalar el cliente y el protocolo necesarios para crear una red igual a igual

Una vez que haya conectado físicamente las computadoras que formarán parte de la red, es necesario añadir el cliente y el protocolo para que éstas formen parte de ella. Antes de comenzar esta operación ponga el CD de Windows 95/98 en su CD-ROM.

Los siguientes son los pasos para configurar el cliente y el protocolo para redes del tipo Microsoft:

1. En el área de trabajo, o "Desktop", coloque el indicador sobre el símbolo de "Network Neighborhood" y haga clic con el botón derecho del ratón.

2. Arrastre el indicador hacia abajo y haga clic sobre "Properties" para entrar al panel de configuración de clientes para redes.

3. Coloque el indicador sobre "Add" (para añadir el cliente) y haga clic; luego, coloque el indicador sobre "Client" y haga clic; después haga clic sobre "Add". Cuando vea una lista de opciones, coloque el indicador sobre "Microsoft" y haga clic; después coloque el indicador sobre "Client for Microsoft Networks", haga clic y luego pulse la tecla ENTER.

4. Coloque el indicador a "Add" y haga clic (para añadir el protocolo); coloque el indicador sobre "Protocol" y haga clic; ahora coloque el indicador sobre "Add" y haga clic. Luego haga clic sobre "Microsoft" y después sobre "NetBOUI"; luego pulse la tecla ENTER. El nombre de este protocolo puede estar al final de esta lista.

5. Coloque el indicador y haga clic primero sobre "Add" y después sobre "Service"; coloque el indicador nuevamente sobre "Add" y haga clic; ahora colóquelo sobre "Microsoft" y haga clic; a continuación, en la ventana de la derecha, coloque el indicador sobre "File and Printer Sharing for Microsoft Networks" y haga clic; por último pulse la tecla ENTER.

Ahora el sistema operativo comenzará a buscar, en el CD de Windows 95/98, el software necesario para instalar el cliente y el protocolo para redes del tipo Microsoft. Una vez que este proceso de copiar archivos termine, pulse la tecla ENTER para apagar y prender la computadora de nuevo.

Cuando la computadora prenda de nuevo y le pida una contraseña o "Password", le será necesario crear una contraseña que la computadora usará para permitirle acceso a esta red. En este caso escriba una palabra que le sea fácil recordar y pulse la tecla ENTER. Si no desea utilizar una contraseña, pulse la misma tecla dos veces.

Es importante aclarar que para ver recursos en las otras computadoras de la red en Windows 95/98, debe aparecer una ventana como la siguiente que le identifica y le permite acceso a la computadora.

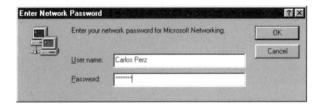

Cuando vea la ventana anterior escriba la contraseña que creó enfrente de "Password" y pulse la tecla ENTER. Si no creó una contraseña, pulse la tecla ENTER para seguir. Este es un paso necesario para poder ver y usar los recursos de otras computadoras que forman parte de la red.

Ahora regrese al panel de control de la red de la misma manera que vio en las páginas anteriores; luego coloque el indicador a "Identification" y haga clic.

La siguiente gráfica muestra el panel de identificación de la red.

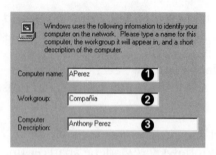

Guiándose por la gráfica anterior, una vez que ésta aparezca, cambie la configuración de identificación de los usuarios de esta red de la siguiente manera:

1. En esta línea ("Computer name") escriba el nombre que designará para esta computadora; en una red se acostumbra a escribir juntos la primera inicial y el apellido del usuario, por ejemplo "APerez".

2. En esta casilla escriba el nombre que escogió para este grupo de trabajo, o "Workgroup" (por ejemplo grupo "Compañía"); todas las computadoras de la red deben usar el mismo nombre en esta casilla.

3. En esta línea escriba el nombre completo de la persona que usará esta computadora. Ahora pulse la tecla ENTER dos veces para apagar y prender la computadora de nuevo.

Cómo compartir archivos en una red

Una de las ventajas más grandes de tener una red es la de poder compartir archivos entre las diferentes computadoras conectadas a ésta. Para hacerlo, es necesario cambiar la configuración de compartir archivos en la computadora que los contiene. Una vez que esta computadora acceda a compartir sus archivos, los usuarios de la red los podrán utilizar tan fácilmente como si se encontraran en discos duros locales.

En esta página aprenderá a cambiar la opción de compartir archivos en una o en todas las computadoras de la red; éste es un paso necesario para compartir la información contenida en todos los discos duros de la red.

Siga los siguientes pasos para cambiar la función de compartir archivos en un disco duro:

1. Coloque el indicador a "Start", y haga clic con el botón derecho.

2. Arrastre el indicador hacia arriba y haga clic sobre "Explore".

3. Cuando el explorador se abra, coloque el indicador sobre el disco duro que desea compartir y haga clic con el botón derecho del ratón; ahora arrastre el indicador hacia abajo y haga clic sobre "Sharing".

NOTA

Si tiene problemas compartiendo un disco duro, regrese al panel de configuración de redes, haga clic sobre "File" y "Printer Sharing" y cerciórese de que estas dos opciones estén seleccionadas. Si éste no es el caso, coloque el indicador sobre cada una de ellas y haga clic; ahora pulse la tecla ENTER dos veces para apagar la computadora y prenderla de nuevo.

La siguiente gráfica ilustra el panel de cambiar la configuración para compartir recursos en un disco duro.

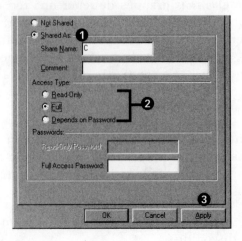

Guíese por la gráfica anterior y siga los siguientes pasos para cambiar la configuración de compartir en un disco duro:

1. Coloque el indicador sobre "Share As" y haga clic.

2. En "Access Type" elija el tipo de acceso que desea usar. Si sólo desea que sus archivos sean leídos y no modificados, coloque el indicador sobre "Read Only" y haga clic; si está de acuerdo en que sus archivos sean modificados, coloque el indicador sobre "Full" y haga clic.

3. Finalmente, coloque el ratón sobre "Apply", haga clic y pulse la tecla ENTER.

Ahora le será posible usar archivos contenidos en el disco duro del ejemplo anterior, desde otra computadora, con sólo ir al explorador y completar varios pasos. Antes de comenzar estos pasos abra el explorador.

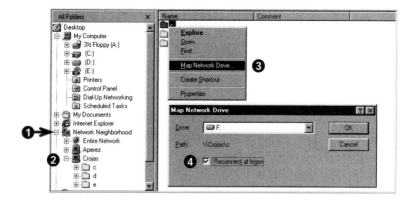

Guíese por la gráfica anterior, y siga los siguientes pasos para utilizar los recursos locales de una computadora desde otra conectada a la misma red:

1. Cuando el explorador se abra, coloque el indicador sobre "Network Neighborhood" y haga clic; ahora coloque el indicador sobre "Entire Network" y haga clic dos veces.

2. Coloque el indicador sobre el nombre de la computadora cuyo disco duro desea usar, y haga clic dos veces.

3. Coloque el indicador a la parte derecha de la pantalla, sobre el disco duro que desea usar, y haga clic una vez con el botón derecho del ratón. Ahora arrastre el indicador hacia abajo y haga clic sobre "Map Network Drive".

4. Cuando esta ventana se abra, coloque el indicador sobre "Reconnect At logon" si desea que este disco duro sea accesible cuando prenda la computadora de nuevo, y pulse la tecla ENTER.

Ahora puede ver el disco duro del otro usuario de la red como si fuera un disco duro local, en su propia computadora.

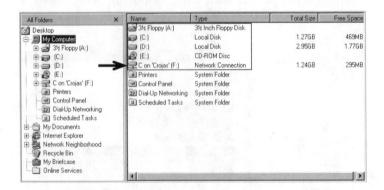

Una de las mayores ventajas de esta función es la de poder guardar archivos de una computadora dentro de otras, en la misma red.

Es importante tener cuidado cuando esté trabajando con archivos que se encuentran en otra computadora, pues si está modificando un archivo, y otro usuario en la red trata de abrir el mismo archivo, el segundo usuario recibirá un mensaje de que este archivo está siendo modificado y por esa razón sólo se puede leer ("Read Only"), pero no se puede modificar en ese momento.

Cómo compartir impresoras en una red

La facilidad para compartir el uso de las impresoras es uno de los beneficios económicos más palpables de una red local. Para comenzar este proceso, coloque el indicador sobre "Start" y haga clic; ahora arrástrelo hacia arriba, y haga clic sobre "Settings"; continúe hacia la derecha, luego hacia abajo y haga clic sobre "Printers".

La siguiente gráfica ilustra el proceso preliminar de compartir una impresora:

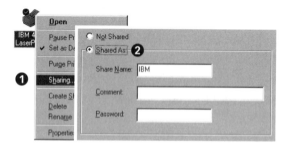

Éstos son los pasos iniciales necesarios para compartir una impresora de forma tal que cualquiera de los usuarios la pueda utilizar desde su propia computadora:

1. Coloque el indicador sobre la impresora que desea compartir y haga clic con el botón derecho del ratón; arrastre el indicador hacia abajo y haga clic sobre "Sharing".

2. En este recuadro coloque el indicador sobre "Share As" y haga clic; después pulse la tecla ENTER (recuerde el nombre que aparece en frente de "Share Name", en este caso "IBM"). Finalmente, coloque el indicador sobre "Apply", haga clic y pulse la tecla ENTER.

Ahora puede ir a cada una de las computadoras de la red cuyos usuarios deseen usar esta impresora, y utilice el nombre que vio enfrente de "Share Name" en el segundo paso de la página anterior, en este caso "IBM", para instalarla en ellas.

En este ejemplo la impresora conectada a la computadora "aperez" se reconocerá en la red como *"\\aperez\IBM"*. El primero es el nombre de la computadora a la cual está conectada la impresora, y el segundo es el nombre de la impresora.

Los siguientes son los pasos necesarios para utilizar una impresora desde otra computadora en la red:

1. Coloque el indicador a "Start" y haga clic.
2. Arrastre el indicador hacia arriba, y haga clic sobre "Settings".
3. Arrastre el indicador hacia la derecha y hacia abajo, y haga clic sobre "Printers".
4. Coloque el indicador sobre "Add Printer" y haga clic.
5. Pulse la tecla ENTER para comenzar el proceso de añadir la impresora.
6. Coloque el indicador sobre "Network Printer", haga clic y luego pulse la tecla ENTER.
7. En el recuadro de "Network Path", o "Queue Name", escriba la dirección de la impresora que desea usar, en este caso *"\\aperez\IBM"*, y pulse la tecla ENTER.
8. Ponga el disco CD de Windows 95/98 en su dispositovo CD-ROM, ya que el sistema operativo se lo puede pedir para instalar el software necesario para usar esta impresora.

Para recordar

- Hoy en día la mayoría de las compañías de más de 25 empleados están conectadas por medio de una red de computadoras local, o LAN.

- Para que una computadora pueda ser parte de una red debe tener un tarjeta de red que esté funcionando correctamente, el "software" o cliente para conectarse a la red y una conexión directa o indirecta a ella.

- Para establecer una conexión directa es necesario que la computadora tenga una tarjeta para redes que esté bien configurada y debe estar conectada a la red por medio de cables.

- Para establecer una conexión indirecta es necesario tener un módem que esté configurado de manera correcta y que esté conectado a una línea de teléfono.

- En una red local se pueden compartir discos duros, impresoras y hasta los módem.

El panel de controles o "Control Panel"

El panel de controles o "Control Panel"

Éste es uno de los elementos más importantes para efectuar cambios en la configuración de una computadora que use el sistema operativo Windows 95/98 o Windows NT®; desde éste se puede cambiar la manera como una computadora funciona.

La siguiente es la manera de abrir el panel de controles:

1. Coloque el indicador sobre "Start" y haga clic una vez.
2. Ahora arrastre el indicador hacia arriba hasta llegar a "Settings"; después arrástrelo hacia la derecha y haga clic sobre "Control Panel".

Componentes importantes del panel de controles

El panel de controles del sistema operativo Windows 95/98 tiene muchos componentes que le permiten cambiar la configuración de su sistema. Por medio de éstos es posible añadir o quitar programas o equipos, cambiar la resolución de la pantalla y realizar muchas otras operaciones. En este cápitulo aprenderá a usar algunos de los componentes más importantes del panel de controles, y la función de cada uno de ellos.

Algunos de estos ejemplos también le pueden ser útiles si usa el sistema operativo Windows NT® 4.0. Esta versión de Windows está tomando mucho auge como plataforma de trabajo en oficinas con redes.

Éstos son algunos de los componentes que puede necesitar con más frecuencia:

- Añadir nuevo equipo o "Add New Hardware"
- Añadir o quitar programas o "Add/Remove Programs"
- Fecha y hora, o "Date & Time"
- Monitor, o "Display"

Si su computadora está funcionado perfectamente no efectúe cambios en el panel de controles para cambiar su configuración a menos que le sea indispensable y tenga alguna asistencia técnica; de lo contrario ésto puede causarle problemas, como hacer que la computadora se congele y sea necesario apagarla y prenderla de nuevo, con el agravante de que aún esto no sea suficiente y necesite más ajustes para poder usarla.

Cómo añadirle equipo a su computadora con "Add New Hardware"

Cuando añade equipo a su computadora, en la mayoría de los casos éste será reconocido y configurado por su sistema automáticamente; otras veces será suficiente indicarle al sistema dónde está el software necesario para instalarlo. Cuando el equipo no es reconocido de manera automática por su computadora, lo puede añadirle con el componente "Add New Hardware" del panel de controles.

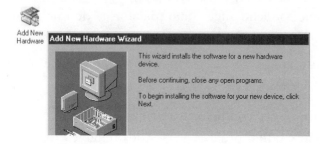

La siguiente gráfica brinda los servicios del "mago" quer incorpora nuevos equipos, o "Add New Hardware Wizard".

Si necesita añadir equipo a su computadora lo puede hacer de la siguiente manera:

1. Coloque el indicador sobre "Start" y haga clic una vez.

2. Arrastre el indicador hacia arriba hasta llegar a "Settings"; ahora arrástrelo hacia la derecha y haga clic sobre "Control Panel".

3. Haga clic dos veces sobre el símbolo de "Add New Hardware".

4. Cuando vea el mago de añadir equipo, o "Add New Hardware Wizard", pulse la tecla ENTER.

5. La próxima ventana le avisa que Windows intentará encontrar todo el equipo que está conectado a la computadora; ahora pulse la tecla ENTER.

6. Con esta operación puede ver el equipo (en la siguiente gráfica) que el sistema operativo halló, en este caso "Wave Device for Voice Modem". Ahora pulse la tecla ENTER para terminar de configurar este módem.

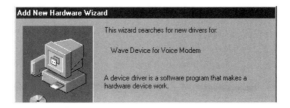

7. La siguiente ventana le ofrece la oportunidad de escoger una de estas dos opciones: coloque el indicador sobre la primera opción ("Search for the Best Driver for Your Device") y haga clic para dejar que el sistema operativo trate de hallar el "software" necesario para usar este equipo. Si escoge la segunda opción, coloque el indicador a "Display a List of the Drivers in a Specific Location" y haga clic para indicarle al sistema operativo dónde hallar este "software".

8. En la próxima ventana coloque el indicador sobre "Have Disk" y haga clic.

9. En la próxima ventana, una vez que haya puesto para su lectura en el PC el CD de Windows 95/98 o el disco flexible con el software, coloque el indicador sobre "Browse" y haga clic.

10. En la siguiente ventana busque el software que recibió con su equipo, colocando el indicador sobre la unidad de discos en donde el sistema operativo podrá encontrarlo: el a:\ para el disco flexible y el c:\ para el disco duro. Ahora pulse la tecla ENTER.

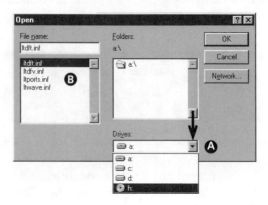

Cómo encontrar el "software" para instalar el nuevo equipo:

A Coloque el indicador sobre esta guía y haga clic; ahora colóquelo sobre la unidad de almacenamiento en la cual está el "software".

B En este recuadro podrá ver los archivos encargados de configurar el equipo que está tratando de instalar; por último, pulse la tecla ENTER.

11. Si siguió estos pasos, verá el nombre del equipo que está tratando de instalar; para continuar, pulse la tecla ENTER.

12. Cuando vea en la próxima ventana, un mensaje de Windows™ avisándole que ya tiene el "software" necesario listo para configurar su equipo, pulse la tecla ENTER.

13. Ahora verá el aviso de que Windows terminó de instalar el "software" necesario para hacer funcionar su equipo. Si pulse ENTER verá un mensaje con la lista del equipo que Windows instaló. Para terminar, pulse ENTER dos veces.

Cómo quitar programas
con "Add/Remove Programs"

Use el componente "Add/Remove Programs" para añadir y quitar programas y componentes de Windows 95/98™.

La siguiente gráfica representa el componente "Add/Remove Programs".

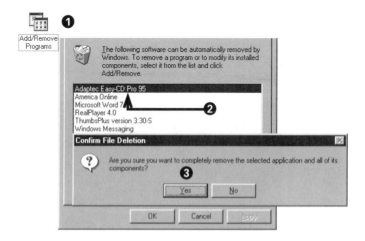

Si tiene algún programa que no necesita, lo puede quitar de la siguiente manera:

1. Abra el panel de controles y haga clic dos veces sobre "Add/Remove Programs".
2. Coloque el indicador sobre el programa que desea quitar y haga clic dos veces.
3. Ahora pulse la tecla ENTER para quitar este programa.

Cómo añadir una tarjeta de televisión a su computadora

Para poder ver televisión en una computadora en necesario conseguir lo que se llama una tarjeta de televisión. Esta tarjeta se puede conseguir en todos los sitios donde se venden hardware.

En tiendas que le pueden vender la tarjeta para que usted la instale, o es posible llevar la computadora y ellos por una cuota fija le pueden hacer esta actualización.

La siguiente gráfica muestra la presentación comercial de la tarjeta de televisión ALL-IN-WONDER 128.

Para usar una tarjeta como la ALL-IN-WONDER 128 es necesario que la computadora tenga un puerto del tipo AGP, éste es un tipo de puerto de expansión que le permite a una tarjeta de video compartir memoria RAM con la computadora.

Cómo arreglar las conexiones para ver la televisión

Una vez que tenga la tarjeta instalada en su computadora, es necesario que haga las conexiones necesarias para traer la señal de cable a su computadora. Primero necesita consigar un dispositivo para dividir señales de cable al menos dos salidas.

La siguiente gráfica muestra las conexiones necesarias para ver televisión con una tarjeta ALL-IN-WONDER 128.

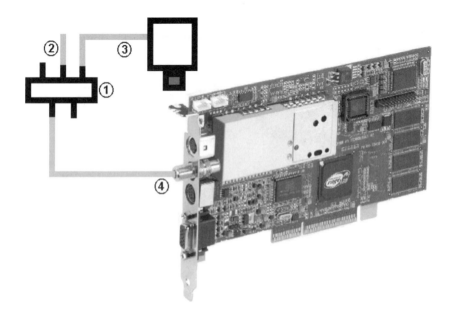

La siguiente es la manera de hacer las conexiones necesarias, una vez que la tarjeta ALL-IN-WONDER 128 esté dentro de una computadora, para ver televisión en una computadora:

1. Éste es el dispositivo para dividir la señal de cable coaxial.
2. Entrada de señal de cable.
3. Salida al televisor.
4. Salida a la tarjeta de televisión.

Cómo usar la función de ver la televisión

Una vez que la señal de cable esté conectada, le será posible ver televisión haciendo clic sobre el símbolo de televisión en el grupo de programas "ATI Multimedia".

La siguiente grafica muestra la pantalla de ver televisión en un sistema con una tarjeta ALL-IN-WONDER 128.

Los siguientes son los controles de usar esta tarjeta de televisión en una computadora personal:

- Ⓐ Haga clic sobre estas guías para cambiar de canal.
- Ⓑ Haga clic sobre este número de canal que está en la pantalla y escriba el canal al cual desea cambiar.
- Ⓒ Haga clic sobre esta guía para regresar al canal anterior.
- Ⓓ Esta guía sirve para cambiar la fuente de la señal.

Una tarjeta de televisión como la ALL-IN-WONDER 128 le permite ver preliminarmente todos los canales que pueda llenar en una pantalla, es decir si tiene una pantalla grande le será posible ver mas de veinte canales de manera preliminar.

La siguiente gráfica muestra el navegador de canales de la tarjeta de televisión ALL-IN-WONDER 128.

Haga clic sobre esta guía, para ver la vista preliminar de los canales que puede recibir. Si desea cambiar a uno de estos canales haga clic sobre el, si desea regresar al canal que estaba viendo haga clic sobre el mismo símbolo.

Cómo añadir o quitar componentes de Windows 95/98 con "Add/Remove Programs"

Si necesita añadir o quitar un componente de Windows 95/98, lo puede hacer de una manera muy fácil con "Add/Remove Programs" de la misma manera que en la sección anterior, colocando el indicador sobre "Windows Setup" y haciendo clic.

Antes de comenzar a realizar esta función busque el CD de Windows 95/98, ya que lo puede necesitar para instalar el software necesario para completar este proceso.

La siguiente gráfica muestra el programa de añadir y quitar componentes de Windows.

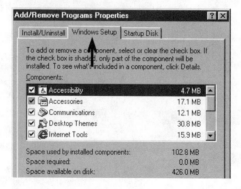

Para comenzar a añadir o quitar componentes de Windows 95/98, coloque el indicador sobre "Windows Setup" y haga clic.

En el siguiente ejemplo instalaremos los juegos incluidos con Windows 95/98.

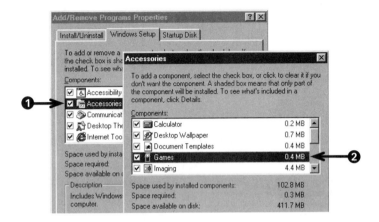

Guíese por la gráfica anterior, y siga los siguientes pasos para añadir un componente de Windows 95/98:

1. Coloque el indicador sobre "Accessories" y haga clic dos veces.

2. En la próxima ventana coloque el indicador sobre "Games" y haga clic; pulse la tecla ENTER y verá una flecha al lado de "Games"; finalmente, coloque el indicador sobre "Apply" y haga clic.

Si desea quitar un componente de Windows 95/98, siga los mismos pasos y haga clic sobre el componente que desea quitar (hasta que ya no vea la flecha al lado de éste); ahora pulse la tecla ENTER y finalmente coloque el indicador a "Apply" y haga clic.

Cómo ajustar la fecha y la hora con "Date & Time"

El componente "Date & Time" le permite cambiar la hora, la fecha y la zona de tiempo. Para trabajar con él, abra el panel de controles, coloque el indicador sobre el símbolo de "Date & Time" y haga clic dos veces.

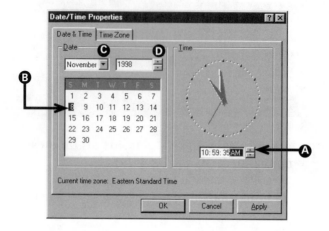

Guíese por la gráfica anterior y siga los siguientes pasos para ajustar la hora o la fecha:

Ⓐ Para cambiar la hora, coloque el indicador sobre la parte de la hora que desea cambiar (hora, minutos, AM, PM) y haga clic; ahora coloque el indicador sobre la guía (indicada por la flecha) y haga clic tantas veces como se requiera, hasta desplegar la hora correcta.

Ⓑ Si desea cambiar el día, coloque el indicador sobre el día correcto y haga clic.

Ⓒ Para cambiar el mes, coloque el indicador sobre este símbolo, y haga clic. Se desplegará una lista de los meses. Ahora haga clic sobre el mes al cual desea cambiar la fecha.

Ⓓ Coloque el indicador a esta guía y haga clic poco a poco para seleccionar el año; ahora coloque el indicador sobre "Apply" y haga clic; finalmente, pulse la tecla ENTER.

Cómo cambiar la resolución y la cantidad de colores que puede ver en su pantalla con "Display"

Este componente del panel de controles se utiliza para cambiar la resolución de la pantalla (con el objeto de poder ver más información en cada ventana), la apariencia y cantidad de colores que verá en la pantalla. Para trabajar con él, abra el panel de controles, coloque el indicador sobre el símbolo de "Display" y haga clic dos veces; ahora coloque el indicador sobre "Settings" y haga clic.

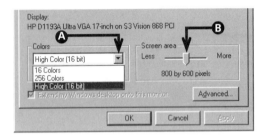

Para cambiar la resolución y la cantidad de colores que puede ver en su pantalla hágalo de la siguiente manera:

A Coloque el indicador sobre esta flecha y haga clic si desea cambiar la cantidad de colores que verá en su pantalla. Haga clic sobre una de estas opciones ("16 bit" se refiere a 16 millones de colores).

B Coloque el indicador a esta guía, sostenga el botón izquierdo del ratón y muévala hacia la derecha para aumentar la resolución y hacia la izquierda para disminuirla. Ahora el sistema operativo le preguntará si desea probar, o "Test", esta nueva resolución (para ver si su tarjeta de video puede trabajar con estos cambios); si desea probarlos, pulse la tecla ENTER.

Para recordar

- El panel de controles, o "Control Panel", es uno de los elementos más importantes para efectuar cambios en la configuración de una computadora que use el sistema operativo Windows 95/98.

- Si su computadora está funcionado perfectamente, no use el panel de controles para cambiar su configuración, ya que ésto puede causarle problemas.

- Si añade equipo a su computadora, en la mayoría de los casos éste será reconocido por su sistema automáticamente. Si ésto no sucede, sólo será necesario indicarle al sistema dónde está el "software" necesario, para instalarlo.

- Si necesita añadir o quitar un componente de Windows 95/98, lo puede hacer de una manera muy fácil abriendo el componente de "Add/Remove Programs".

Asistencia técnica

Cómo evitar problemas con la computadora

Una computadora personal es uno de los equipos mas sofisticados que se pueden encontrar en una casa u oficina. Cuando ésta no funciona correctamente, puede ser causa de mucha frustración y pérdida de tiempo, especialmente cuando se trata de la computadora que usa para su trabajo.

Siga las siguientes recomendaciones para evitar problemas con su computadora:

- Siempre conecte su computadora a un buen protector de voltaje para protegerla contra las descargas de corriente.

- Nunca borre archivos que estén debajo de el archivo de Windows, ya que éstos son indispensable para que este sistema operativo funcione.

- Absténgase de quitar un equipo que esté funcionando bien utilizando el administrador de equipo, o "Device Manager".

- Copie su registro para tenerlo a la mano (más adelante verá más información acerca del registro). Este copia sólo debe ser usado a sugerencia de un técnico.

- Cree un disco de emergencia, y guárdelo en un sitio seguro.

Cuando tenga un problema con una computadora nueva, anote el mayor detalle posible acerca de éste (sin hacer ningún cambio a la configuración), y trate de solucionarlo utilizando este libro como guía antes de llamar a la compañía con la cual la computadora tiene garantía de servicio. Si no puede arreglarlo, solicite la asistencia de la compañía que le vendió la computadora.

Cómo preservar sus archivos

En los capítulos anteriores vio mucha información acerca de cómo trabajar con archivos y programas y sobre los diferentes tipos de archivos. En esta sección aprenderá algunas de las cosas que puede hacer para evitar que sus documentos personales, o los de su trabajo, que son generalmente muy vulnerables, se pierdan o se dañen. Por este motivo quiero cerrar este libro haciéndole varias recomendaciones acerca de cómo protegerlos.

Sugerencias para preservar sus archivos importantes:

- Guarde su trabajo con mucha frecuencia, enviando su información ya sea a discos flexibles o a cualquier otro equipo que sirva para hacer respaldos, como un disco removible del tipo Zip de iomega .

- Nunca abra mensajes de correo electrónico de personas o compañías que no le sean familiares. En este caso bórrelos sin abrirlos.

- Nunca mueva su computadora mientras está prendida, especialmente cuando está siguiendo una de sus órdenes, como por ejemplo imprimir un documento.

- Siempre apague la computadora usando "Start" y después "Shut Down". Y sólo utilice el botón de sumistro de corriente para apagarla cuando ésta se congele completamente y le sea imposible recuperar el control de ella; es decir, cuando el teclado o el ratón no respondan.

NOTA — Si desea hacer un respaldo completo de todo su disco duro, puede usar el componente "Backup" con este objeto. Éste puede ser utilizado por aquellos usuarios que tienen acceso a unidades de cintas ("Tape Backup"), o a un disco duro adicional (esta última opción, para hacer respaldos a discos duros, sólo funciona en Windows 98) .

Algunos problemas que puede tener al usar Windows 95/98/Me/2000

Windows 98 y Windows Me son los sistemas operativos más sofisticados para computadoras personales, y en la mayoría de los casos funcionan muy bien sin darle problemas. Pero en determinadas circunstancias puede tener tropiezos mientras usa una computadora personal con uno de estos dos sistemas operativos.

Los siguientes éstos son algunos de los problemas más comunes que puede tener:

- Trata de usar un programa y éste deja de funcionar, aunque todavía le es posible utilizar otros.
- El ratón y el teclado no responden, y su computadora deja de funcionar completamente.
- Su computadora está funcionando muy lentamente, debido a que el disco duro está muy fragmentado.
- Su computadora no le permite guardar archivos por falta de espacio en su disco duro.
- Su computadora no le permite usar varios programas al mismo tiempo, por falta de memoria RAM.
- La computadora se congela antes de entrar al área de trabajo, o "Desktop".

Cuando esté usando el Internet, absténgase de bajar programas de sitios poco conocidos, ya que éstos le pueden causar problemas con el funcionamiento correcto de su computadora y también daños irreparables a sus archivos. Esto sucede con algunos virus para computadoras, a menos que tenga el software adecuado para protegerla de ellos.

Qué hacer si un programa deja de funcionar

Cuando está utilizando un programa y éste deja de responder a sus comandos, de modo que le es imposible guardar archivos o mover el ratón dentro de la ventana que representa el programa, será necesario cerrar este programa, apagar la computadora y prenderla de nuevo antes de tratar de usarla otra vez para trabajar con dicho programa.

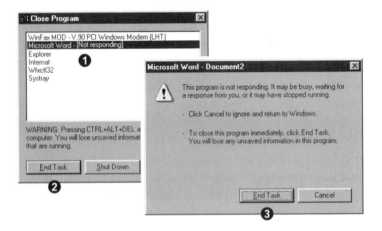

Mire la gráfica anterior y siga los siguientes pasos para cerrar un programa que no está funcionando:

1. Use la combinación de teclas CTRL+ALT+DEL; cuando vea la ventana anterior a la izquierda, coloque el indicador sobre el programa que no está funcionando, o "Not Responding", y haga clic.
2. Coloque el indicador sobre "End Task" y haga clic.
3. Cuando la próxima ventana aparezca, coloque el indicador sobre "End Task" y haga clic para cerrarlo.

Cómo usar la función de restaurar un sistema o "System Restore" en Windows® Me

Ésta es una de las funciones nuevas que puede encontrar mas útil, en esta versión del sistema operativo Windows® Me. Usando esta función la computadora le permitirá guardar toda la información acerca de la configuración, para usarla en caso de que la computadora comience a darle problemas.

Éstas son las características de este programa para restaurar el sistema operativo:

- Crear puntos de restauración para guardar información acerca de una computadora cuando esté funcionando bien. Ésta después le permite regresar a un estado o tiempo más estable, al seleccionar un punto de restauración en una fecha previa cuando la computadora esta funcionando bien.

- Deshacer cambios al "hardware" (si este afecta la computadora negativamente), software o la configuración en su PC, y regresar a un punto cuando la computadora funcionaba bien.

- Restaure su sistema sin perder sus archivos personales. Artículos tales como documentos, mensajes electrónicos e historial de exploración de Internet son guardados cuando regresa con "System Restore".

La siguiente gráfica ilustra la manera de abrir "System Restore".

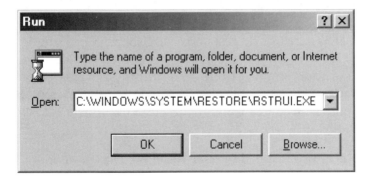

La siguiente es la manera de abrir "System Restore":

1. Haga clic sobre "Start" y arrastre el indicador hacia arriba.
2. Haga clic sobre "Run" y escriba enfrente de "Open"; "C:\WIN-DOWS\SYSTEM\RESTORE\RSTRUI.EXE".
3. Pulse la tecla ENTER.

Cómo crear un punto de restauración

Para usar la función de restaurar un sistema a una configuración anterior, es necesario seleccionar un punto en el cual la computadora está funcionando bien. Este punto se llama el punto de restauración, y cuando lo selecciona toda la información acerca de la configuración que la computadora esta usando en este momento será guardada.

Esto con el propósito de poder restaurar la computadora, si ésta falla, a este punto que puede ser un día antes o un año antes de que tenga una falla.

La siguiente gráfica muestra la manera de seleccionar un punto de restauración.

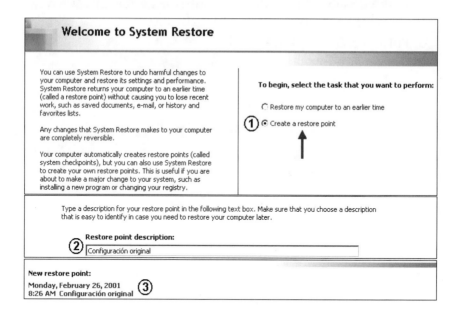

Ésta es la manera de comenzar a crear un punto de restauración:

1. Haga clic sobre "Create a restore point" y después sobre "Next".

2. En la próxima pantalla escoja un nombre, para este punto de restaurar la computadora. Como por ejemplo "Configuración original", también puede usar fechas como por ejemplo Configuración mayo 2001. Después haga clic sobre "Next".

3. Ésta es la fecha en la cual fue creada esta configuración, para terminar haga clic sobre "OK".

Cómo restaurar un sistema a una configuración previa

Una vez que halla guardado la configuración del sistema operativo, le será posible usarla para restaurarlo si un día la computadora no funciona de la manera debida.

La siguiente gráfica muestra la oficina virtual o "Desktop" en Windows® Me.

Si un día prende la computadora y ésta no le muestra todos los símbolos que tenía antes en la oficina virtual, puede que tenga un problema con el sistema operativo. Si la prende varias veces y esto no arregla el problema, entonces use la función de restaurar el sistema operativo o "System Restore" para tratar de arreglar este problema.

Para restaurar un sistema a una configuración previa abra el programa "System Restore" y haga clic sobre "Restore my computer to an earlier time".

La siguiente gráfica ilustra la manera de abrir "System Restore".

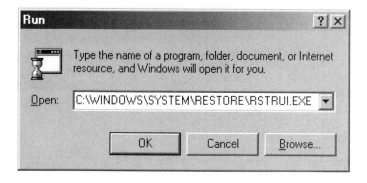

La siguiente es la manera de abrir "System Restore":

1. Haga clic sobre "Start" y arrastre el indicador hacia arriba.
2. Haga clic sobre "Run" y escriba enfrente de "Open"; C:\
   WINDOWS\SYSTEM\RESTORE\RSTRUI.EXE
3. Pulse la tecla ENTER.

La siguiente gráfica muestra la manera de restaurar un sistema a una configuración previa.

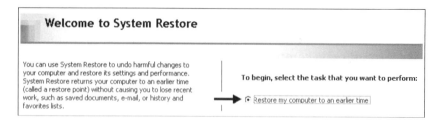

La siguiente es la manera de comenzar a elegir un punto de restauración:

1. Haga clic sobre "Restore my computer to an earlier time".
2. Ahora haga clic sobre "Next".

En la siguiente pantalla escoja el nombre de la configuración que desea elegir para restaurar su sistema. Como por ejemplo "Configuración original", creada el 26 de febrero.

La siguiente gráfica muestra la manera de escoger el punto al cual desea regresar la computadora.

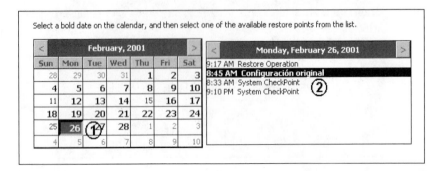

La siguiente es la manera de escoger una configuración previa para restaurar una computadora que no está funcionando bien:

1. Haga clic sobre la fecha en la cual guardó la configuración previa.
2. Haga clic sobre el nombre que usó para esta configuración.
3. Después haga clic sobre "Next" para usarla.

Haga clic sobre el mensaje que aparece en la pantalla, y después cierre todos los programas que esté usando.

La siguiente gráfica muestra la próxima pantalla que verá cuando elige restaurar una computadora con Windows® Me.

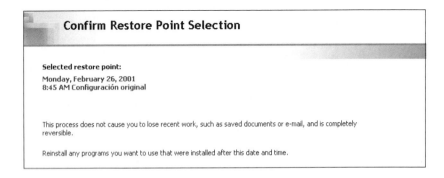

Finalmente para restaurar un sistema a una configuración anterior haga clic sobre "Next".

Ahora la computadora prenderá de nuevo, si tiene programas abiertos el sistema operativo le dará la oportunidad de cerrarlos.

En la siguiente gráfica puede ver el mensaje que recibirá cuando la computadora prenda de nuevo.

> **✔ Restoration Complete**
>
> Your computer has been successfully restored to:
>
> **Monday, February 26, 2001**
> **8:45 AM Configuración original**
>
> If this restoration does not correct the problem, you can:
> - Choose another restore point
> - Undo this restoration

En este mensaje el sistema operativo le informa que esta operación restauro el sistema operativo a una configuración previa.

Cómo usar "ScanDisk" para corregir errores en el disco duro

Uno de los componentes más útiles que viene incluído con Windows 95/98 es "ScanDisk"; éste le puede ayudar a solucionar problemas que puede tener cuando trata de usar un programa o abrir un archivo y éste no abre del todo o le indica que hay un error.

Esta situación puede tener diferentes causas. Las principales son:

- El disco duro tiene errores físicos: por ejemplo rayones u otros desperfectos que, aunque sean diminutos, pueden ser un problema si el sistema operativo guarda sus archivos en esos sectores defectuosos.
- El archivo que está tratando de leer comparte con otros archivos algunos sectores en su disco duro. Ésto puede suceder cuando apaga la computadora sin cerrar uno de los programas que estaba utilizando.

Si tiene alguno de los inconvenientes anteriores, use "ScanDisk" para tratar de solucionarlos. Éste le será muy útil siempre y cuando su disco duro no tenga errores físicos; es decir que no tenga áreas defectuosas.

Siga los siguientes pasos para abrir "ScanDisk" después de cerrar todos los programas que esté usando:

1. Coloque el indicador sobre "Start" y haga clic. Arrástrelo hacia arriba y haga clic sobre "Run".
2. Cuando la ventana de "Run" se abra, escriba *"c:\windows\scandskw.exe"* en frente de "Open", y pulse la tecla ENTER.

La siguiente gráfica representa el programa "ScanDisk".

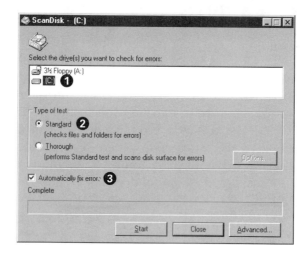

Guíese por la gráfica anterior, y siga los siguientes pasos para usar "ScanDisk":

1. Coloque el indicador sobre el disco duro que desea examinar y haga clic.

2. Coloque el indicador sobre "Standard" y haga clic.

3. Coloque el indicador sobre "Automatically fix errors" y haga clic.

4. Finalmente, pulse la tecla ENTER para comenzar a arreglar sus problemas con el disco duro.

¿Qué es la fragmentación en un disco duro?

Si su computadora parece estar tomando más tiempo del acostumbrado en realizar algunas tareas, esto se puede deber a que el disco
duro está muy fragmentado. La fragmentación se produce cuando
el sistema operativo usa un archivo del disco duro y, una vez que
termina de utilizarlo, lo coloca en un espacio libre, sin importarle
la localización de éste. Cuando esto sucede, su computadora tar-
dará más tiempo en leer estos archivos en el disco duro, de modo
que, si por lo general se tardaba unos 10 segundos en abrir un
archivo, en este caso puede tomar el doble del tiempo.

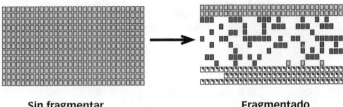

Sin fragmentar   Fragmentado

Las dos gráficas anteriores ilustran claramente le fragmentación de
un disco duro. En la gráfica de la izquierda puede ver parte de un
disco duro en el cual todos los sectores que componen varios
archivos están organizados sucesivamente uno al lado del otro. En
la segunda gráfica puede ver cómo, a través del frecuente e indis-
criminado uso de estos archivos, los diferentes sectores que los
componen ya no están organizados uno al lado del otro. Por esa
razón, cuando necesite utilizar estos archivos la computadora tar-
dará más tiempo en encontrarlos.

Cómo usar "Defrag" para arreglar la fragmentación en un disco duro

Como pudo ver en la sección anterior, la fragmentacion de su disco duro aumenta el tiempo necesario para abrir archivos y usar programas; ésto se puede solucionar usando el componente "Defrag" de Windows 95/98.

Siga los siguientes pasos para abrir este componente:

1. Coloque el indicador sobre "Start" y haga clic. Arrástrelo hacia arriba y haga clic sobre "Run".
2. Cuando la ventana de "Run" se abra, escriba *"defrag"* enfrente de "Open" y pulse la tecla ENTER.

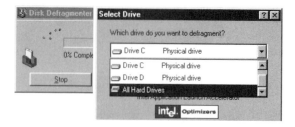

Cuando "Defrag" se abra, siga los siguientes pasos para usarlo:

1. Pulse la tecla ENTER si sólo tiene un disco duro.
2. Si su sistema tiene más de un disco duro, coloque el indicador a la guía indicada con la flecha y haga clic; ahora coloque el indicador sobre el disco que desea defragmentar y haga clic, o colóquelo sobre "All Hard Drives" y haga clic; por último, pulse la tecla ENTER.

Qué hacer si su computadora se congela o "freezes"

A pesar de que los sistemas operativos Windows 95/98 son muy estables, a veces pueden experimentar problemas debido a diferentes situaciones, ya sea con el "hardware" o con el "software". Uno de los problemas más comunes es que la pantalla se congela y no le permite mover ni el teclado ni el ratón.

Si esto le sucede, trate de pulsar la tecla ESC varias veces, o use la combinación de teclas CTRL+C para tratar de recuperar el control de la computadora. Si después de un rato ésta no responde, use la combinación CTRL+ALT+DEL; ahora verá una ventana que le mostrará la lista de los programas que está utilizando en ese momento.

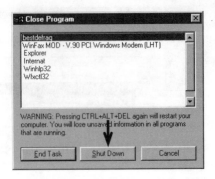

Ahora coloque el indicador sobre "Shut Down" y haga clic para tratar de apagar la computadora. Si esto no funciona, pulse el botón de la alimentación de corriente y después préndala de nuevo. Recuerde que al hacer esto perderá los cambios que había hecho en los archivos que estaba utilizando, desde la última vez que usó guardar o "Save".

Qué hacer cuando Windows® 95/98/Me se prende en "Safe mode"

Si prende su computadora y ésta se congela antes de llegar al logotipo de Windows 95/98/Me, la próxima vez que la prenda puede que lo haga en un modo que se llama modo seguro, o "Safe Mode". Por lo general esto sucede cuando acaba de añadir un programa o una tarjeta de opciones y después la computadora se congela.

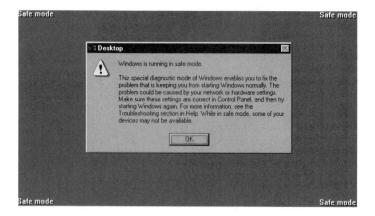

Si su computadora prende en "Safe mode", será necesario apagarla y prenderla de nuevo. Primero pulse la tecla ENTER para cerrar esta ventana. Coloque el indicador sobre "Start" y haga clic; después elija "Shut Down"; ahora coloque el indicador sobre "Restart" y haga clic; finalmente, pulse la tecla ENTER para apagar y prender la computadora de nuevo.

Cómo añadir una impresora

En Windows 95/98/Me, el proceso de añadir una impresora es muy sencillo. La mejor manera de completar este proceso es prender la impresora al mismo tiempo que la computadora. En la mayoría de los casos, la computadora reconocerá la impresora y le preguntará si desea instalarla.

Los siguientes son los pasos para instalar una impresora:

1. Coloque el indicador a "Start" y haga clic.
2. Arrastre el indicador hacia arriba y haga clic sobre "Settings".
3. Arrastre el indicador hacia la derecha y hacia abajo y haga clic sobre "Printers".
4. Coloque el indicador sobre "Add Printer" y haga clic.
5. Pulse la tecla ENTER para comenzar el proceso de añadir esta impresora.
6. Coloque el indicador sobre "Local Printer", haga clic y luego pulse la tecla ENTER.
7. Ahora verá la siguiente ventana, la cual le permite buscar la impresora que necesita instalar. Coloque el indicador a la pantalla de la izquierda y elija la marca de la impresora que desea instalar. Después coloque el indicador a la pantalla de la derecha y haga clic sobre el modelo de la impresora que desea instalar.

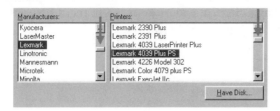

8. Una vez que elija el modelo de la impresora que desea instalar, haga clic sobre "Next". Ahora el sistema operativo le pedirá que usted monte el CD de Windows o el "software" que vino incluído con la impresora.

Qué es el registro o "Registry" y cómo copiarlo

Éste es un componente de Windows 95/98 que guarda información acerca de la configuración de su computadora. Por esto es una buena idea hacer una copia de él con "Regedit", por si algún día tiene problemas con su equipo. En este caso, puede usar esta copia para recobrar la configuración anterior. Recuerde que sólo debe guardar el registro cuando su computadora esté funcionando bien.

La siguiente gráfica representa el editor del registro, o "Registry Editor".

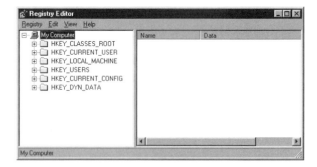

Siga los siguientes pasos para abrir el registro, o "Registry":

1. Coloque el indicador a "Start" y haga clic una vez.

2. Ahora arrastre el indicador hacia arriba hasta llegar a "Run".

3. Luego escriba "Regedit" en la línea enfrente de "Open" y pulse la tecla ENTER.

Siga los siguientes pasos para copiar el registro:

1. Una vez que el registro se abra, coloque el indicador a "Registry" y haga clic.
2. Arrastre el indicador hacia abajo y haga clic sobre "Export Registry File".

La siguiente gráfica representa el menú de guardar el registro.

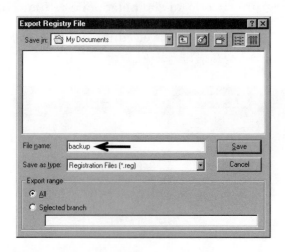

Cuando vea la ventana anterior, escriba el nombre que desea usar, enfrente de "File name", coloque el indicador a guardar, o "Save", y haga clic. Recuerde dónde guardó este archivo, por si necesita restaurar su registro.

Cómo crear un disco de sistema o "Boot Disk"

Éste es el disco que tiene una copia de un archivo llamado "Command.com", uno de los archivos necesarios para que la computadora arranque. Si su computadora no arranca del disco duro, puede ser necesario prender la computadora desde un disco de autoarranque, o "Boot Disk". Antes de comenzar el proceso de crear un disco de sistema, busque el CD de Windows 95/98 y póngalo en su unidad de CD-ROM.

Crear un disco de sistema es muy fácil de hacer, de la siguiente manera:

1. Coloque el indicador sobre "Start" y haga clic. Arrástrelo hacia arriba y haga clic sobre "Run".

2. Cuando la ventana de "Run" se abra, escriba "*c:\windows\control.exe*" en frente de "Open" y pulse la tecla ENTER.

3. Coloque el indicador sobre "Add/Remove Programs" y haga clic; ahora coloque el indicador sobre el menú de arriba y haga clic sobre "Startup Disk".

4. Coloque el indicador sobre "Create Disk" y haga clic.

5. Cuando vea la gráfica anterior, ponga un disco flexible en su unidad de discos flexibles y pulse la tecla ENTER. Cuando este proceso termine, marque y guarde este disco en un lugar seguro, ya que lo puede necesitar más adelante.

Para recordar

- Una computadora personal es uno de los equipos más sofisticados que se pueden encontrar en una casa o en una oficina.

- Cuando esté usando el Internet, absténgase de copiar programas de sitios poco conocidos, ya que éstos le pueden causar problemas con el funcionamiento correcto de su computadora.

- Nunca abra un correo electrónico que viene de personas o compañías desconocidas. En este caso borre el mensaje antes de abrirlo para proteger su equipo contra virus.

- Si su computadora parece estar tomando más tiempo del acostumbrado en realizar diferentes tareas, esto puede deberse a que el disco duro está muy fragmentado.

- Si su computadora no arranca desde el disco duro, puede ser necesario prender la computadora desde un disco de sistema o "Boot Disk".

Directorio de compañías

A

Acer America Corp.
2641 Orchard Parkway
San Jose, CA 95134
Teléfono: 408-432-6200
Fax: 408-922-2933
Ventas: 800-239-2237
Soporte técnico: 800-637-7000
Servidor Web:
www.acer.com/aac/

Adaptec, Inc.
691 S. Milpitas Boulevard
Milpitas, CA 95035
Teléfono: 408-945-8600
Fax: 408-262-2533
Ventas: 800-442-SCSI
Soporte técnico: 800-959-7274
Servidor Web:
www.adaptec.com

Advanced Gravis Computer
Technology, Ltd.
3750 North Fraser Way, Ste.
101
Burnaby, BC V5J 5E9 CAN
Teléfono: 604-431-5020
Fax: 604-431-5155
Soporte técnico: 604-431-1807
Servidor Web: *www.gravis.com*

Amazon.com, Inc.
1516 Second Avenue
Seattle, WA 98101
Teléfono: 206-622-2335

Servidor Web:
www.amazon.com/

America Online, Inc.
8619 Westwood Center Drive
Vienna, VA 22182
Teléfono: 703-448-8700
Fax: 800-827-4595
Servidor Web: *www.aol.com*

American Megatrends, Inc.
6145-F Northbelt Pkwy.
Norcross, GA 30071
Teléfono: 770-246-8600
Fax: 770-246-8791
Soporte técnico: 770-246-8645
Servidor Web:
www.megatrends.com/

American Power Conversion
Corporation
132 Fairgrounds Road, P.O.
Box 278
West Kingston, RI 02892-9906
Teléfono: 401-789-5735
Fax: 401-789-3710
Ventas: 401-789-5735
Soporte técnico: 800-800-4272
Servidor Web: *www.apcc.com*

AST Research, Inc.
16215 Alton Parkway, P.O.
Box 57005
Irvine, CA 92619-7005
Teléfono: 714-727-4141
Fax: 714-727-9355
Soporte técnico: 800-727-1278
Servidor Web: *www.ast.com*

B

Bay Networks, Inc.
4401 Great America Pkwy.
PO Box 58185
Santa Clara, CA 95052-8185
Teléfono: 408-988-2400
Fax: 408-988-5525
Servidor Web:
www.baynetworks.com

Best Power Technology, Inc.
PO Box 280
Necedah, WI 54646
Teléfono: 608-565-7200
Fax: 608-565-2221
Soporte técnico: 800-356-5737
Servidor Web: *www.bestpower.com*

Black Box Corporation
1000 Park Drive
Lawrence, PA 15055-1018
Teléfono: 724-746-5500
Fax: 412-746-0746
Servidor Web: *www.blackbox.com*

Broderbund Software, Inc.
500 Redwood Blvd.
Novato, CA 94948
Teléfono: 415-382-4400
Fax: 415-382-4419
Soporte técnico: 415-382-4700
Servidor Web: *www.broderbund.com*

C

CADSOFT Corporation
192 Nicklin Road
Guelph, ON N1H 7L5 CAN
Teléfono: 519-836-3990
Servidor Web: *www.cadsoft.com*

Case Logic, Inc.
6303 Dry Creek Parkway
Longmont, CO 80503
Teléfono: 303-530-3800
Fax: 303-530-3822

Servidor Web:
www.caselogic.com/home.html

Casio, Inc.
570 Mt. Pleasant Ave.
Dover, NJ 07801
Teléfono: 201-361-5400
Fax: 201-361-3819
Soporte técnico: 800-962-2746
Servidor Web: *www.casio-usa.com*

Cisco Systems, Inc.
170 W. Tasman Dr.
San Jose, CA 95134-1706
Teléfono: 408-526-4000
Fax: 408-526-4100
Soporte técnico: 800-553-2447
Servidor Web: *www.cisco.com*

Computer Associates
International, Inc.
One Computer Associates Plaza
Islandia, NY 11788-7000
Teléfono: 516-342-5224
Fax: 516-342-5734
Servidor Web: *www.cai.com*

Connectix Corporation
2655 Campus Dr.
San Mateo, CA 94403-2520
Teléfono: 415-571-5100
Fax: 415-571-5195
Servidor Web: *www.connectix.com/*

Corel Corporation
1600 Carling Ave., The Corel
Bldg.
Ottawa, ON K1Z 8R7 CANADA
Teléfono: 613-728-8200
Fax: 613-761-9176
Ventas: 613-728-3733
Soporte técnico: 613-728-7070
Servidor Web: *www.corel.com*

Compaq Computer Corporation
20555 State Hwy. 249
Houston, TX 77070-2698
Teléfono: 713-370-0670
Fax: 713-514-1740
Ventas: 800-888-5925

Soporte técnico: 800-OKCOMPAQ
Servidor Web: *www.compaq.com*

Creative Labs, Inc.
1901 McCarthy Blvd.
Milpitas, CA 95035
Teléfono: 408-428-6600
Fax: 408-428-6611
Ventas: 800-998-5227
Soporte técnico: 405-742-6655
Servidor Web: *www.creaf.com/*

CTX International, Inc.
20530 Earlgate St.
Walnut, CA 91789
Teléfono: 909-595-6146
Fax: 909-595-6293
Servidor Web: *www.ctxintl.com*

CyberMedia, Inc.
3000 Ocean Park Blvd., Suite 2001
Santa Monica, CA 90405
Teléfono: 310-581-4700
Fax: 310-581-4720
Ventas: 800-572-5939
Servidor Web: *www.cybermedia.com*

Cyrix Corporation
2703 N. Central Expressway
Richardson, TX 75080
Teléfono: 972-968-8440
Fax: 972-699-9857
Soporte técnico: 800-462-9749
Servidor Web: *www.cyrix.com*

D

DacEasy, Inc.
17950 Preston Rd., Ste. 800
Dallas, TX 75252
Teléfono: 972-818-3900
Fax: 972-713-6331
Servidor Web: *www.daceasy.com*

Daytek Electronics Corporation
2120 Hutton Dr., Ste. 800
Carrollton, TX 75006
Teléfono: 972-241-1700

Fax: 972-243-5320
Servidor Web: *www.daytek.com/*

Dell Computer Corporation
2214 W. Braker Lane, Suite D
Austin, TX 78758-4053
Teléfono: 512-338-4400
Fax: 512-728-3653
Soporte técnico: 800-624-9896
Servidor Web: *www.us.dell.com*

DeLorme Mapping Company
P.O. Box 298
Yarmouth, ME 04096
Teléfono: 207-846-7000
Fax: 207-846-7051
Ventas: 800-452-5931
Soporte técnico: 207-846-8900
Servidor Web: *www.delorme.com*

Disney Interactive
500 S. Buena Vista St., Burbank Centre,
20th Fl. Burbank, CA 91521-6380
Teléfono: 800-228-0988
Fax: 818-846-0454
Soporte técnico: 818-841-3326
Servidor Web: *www.disney.com/DisneyInteractive*

Dolch Computer Systems, Inc.
3178 Laurelview Court
Fremont, CA 94538
Teléfono: 510-661-2220
Fax: 510-490-2360
Servidor Web: *www.dolch.com/*

Dr. Solomon's Software, Inc.
1 New England Executive Park
Burlington, MA 01803
Teléfono: 617-273-7400
Fax: 617-273-7474
Soporte técnico: 800-595-9175
Servidor Web: *www.drsolomon.com*

E

Eastman Kodak Company
343 State Street

Rochester, NY 14650
Teléfono: 716-724-4000
Fax: 415-286-8686
Soporte técnico: 800-242-2424
Servidor Web: *www.kodak.com*

EarthLink Network
3100 New York Drive
Pasadena, CA 91107
Teléfono: 818-296-2400
Ventas: 800-395-8425
Soporte técnico: 800-395-8410
Servidor Web: *www.earthlink.net*

Edmark Corporation
6727 185th Ave., NE
Redmond, WA 98052
Teléfono: 206-556-8400
Fax: 206-556-8998
Ventas: 800-691-2986
Soporte técnico: 800-835-3402
Servidor Web: *www.edmark.com*

Encyclopedia Britannica
310 S. Michigan Ave.
Chicago, IL 60604
Teléfono: 312-347-7000
Fax: 312-294-2138
Servidor Web: *www.eb.com*

Epson America, Inc.
P.O. Box 2903
Torrance, CA 90509-2903
Teléfono: 310-782-0770
Fax: 310-782-4401
Ventas: 800-374-7300
Soporte técnico: 800-922-8911
Servidor Web: *www.epson.com*

Everex Systems, Inc.
5020 Brandin Court
Fremont, CA 94538
Teléfono: 510-498-1111
Fax: 510-683-2186
Ventas: 800-725-6724
Soporte técnico: 800-262-3312
Servidor Web: *www.everex.com*

Exabyte Corporation
1685 38th St.

Boulder, CO 80301
Teléfono: 303-442-4333
Fax: 303-417-7170
Ventas: 800-392-2983
Soporte técnico: 800-445-7736
Servidor Web: *www.exabyte.com/*

F

Fargo Electronics, Inc.
7901 Flying Cloud Dr.
Eden Prairie, MN 55344
Teléfono: 612-941-9470
Fax: 612-941-7836
Soporte técnico: 612-941-0050
Servidor Web: *www.fargo.com*

Franklin Electronic Publishers
One Franklin Plaza
Burlington, NJ 08016
Teléfono: 609-386-2500
Servidor Web: *www.franklin.com/*

Fujitsu Computer Products of
America, Inc.
2904 Orchard Pkwy.
San Jose, CA 95134-2009
Teléfono: 408-432-6333
Fax: 408-894-1716
Soporte técnico: 408-894-3950
Servidor Web: *www.fcpa.com*

G

Gateway 2000, Inc.
610 Gateway Dr., P.O. Box 2000
North Sioux City, SD 57049-2000
Teléfono: 605-232-2000
Fax: 605-232-2023
Ventas: 605-232-2000
Soporte técnico: 800-846-2301
Servidor Web: *www.gateway.com*

GENICOM Corporation
14800 Conference Center Dr.,
Ste. 400
Chantilly, VA 22021-3806
Teléfono: 703-802-9200

Fax: 703-949-1392
Ventas: 703-949-2441
Soporte técnico: 703-949-1031
Servidor Web: *www.genicom.com/*

H

H45 Technology Corporation
465 Fairchild Dr., #10
Mountain View, CA 94043
Teléfono: 415-961-9114
Servidor Web: *www.h45.com/*

Hayes Corp.
P.O. Box 105203
Atlanta, GA 30348
Teléfono: 770-840-9200
Fax: 770-441-1213
Soporte técnico: 770-441-1617
Servidor Web: *www.hayes.com*

Hi-Val, Inc.
1300 E. Wakeham Ave.
Santa Ana, CA 92705
Teléfono: 714-953-3000
Soporte técnico: 714-648-0220
Servidor Web: *www.hival.com/*

Hercules Computer Technology, Inc.
3839 Spinnaker Court
Fremont, CA 94538
Teléfono: 510-623-6030
Fax: 510-623-1112
Soporte técnico: 510-623-6050
Servidor Web: *www.hercules.com/*

Hewlett-Packard Co.
5301 Stevens Creek Blvd., PO Box 58059,
Santa Clara, CA 95052-8059
Teléfono: 408-246-4300
Fax: 408-246-7293
Ventas: 800-637-7740
Servidor Web: *www.hp.com*

Hitachi PC Corp.
2520 Junction Ave.
San Jose, CA 95134
Teléfono: 408-321-5000

Fax: 408-321-5003
Soporte técnico: 408-321-5216
Servidor Web: *www.hitachipc.com*

Hotmail Corp.
1290 Oakmead Parkway, Suite 218
Sunnyvale, CA 94086
Teléfono: 408-222-7000
Fax: 408-222-7020
Servidor Web: *www.hotmail.com*

Hughes Network Systems, Inc.
11717 Exploration Lane
Germantown, MD 20876
Teléfono: 301-428-5500
Fax: 301-428-1868
Servidor Web: *www.hns.com*

Hyundai Electronics America
3101 N. 1st St.
San Jose, CA 95134
Teléfono: 408-232-8000
Fax: 408-473-9390
Servidor Web: *www.hea.com*

I

IBM Corp.
Old Orchard Rd.
Armonk, NY 10504
Teléfono: 914-765-1900
Ventas: 800-426-7255
Soporte técnico: 800-237-5511
Servidor Web: *www.ibm.com*

Intel Corp.
2200 Mission College Blvd.
Santa Clara, CA 95051
Teléfono: 408-765-8080
Fax: 408-765-1821
Soporte técnico: 800-628-8686
Servidor Web: *www.intel.com*

Intelligent Peripheral Devices, Inc.
20380 Town Center Lane, Suite 270
Cupertino, CA 95014
Teléfono: 408-252-9400
Fax: 408-252-9409

Soporte técnico: 888-274-2720
Servidor Web: *www.alphasmart.com*

Inteva Microsystems, Inc.
3864 Courtney St. #110
Bethlehem, PA 18017
Teléfono: 610-770-9360
Fax: 610-770-9390
Servidor Web: *www.Inteva.com*

Intuit, Inc.
2535 Garcia Avenue
Mountain View, CA 94043
Ventas: 800-224-0991
Servidor Web: *www.intuit.com*

Iomega Corp.
1821 W. Iomega Way
Roy, UT 84067
Teléfono: 801-778-1000
Fax: 801-778-3748
Soporte técnico: 801-629-7610
Servidor Web: *www.iomega.com*

J

JVC Professional Computer
Products
5665 Corporate Ave.
Cypress, CA 90630
Teléfono: 714-816-6500
Fax: 714-816-6519
Servidor Web: *www.jvc.net*

K

KDS USA
12300 Edison Way
Garden Grove, CA 92641
Teléfono: 714-379-5599
Fax: 714-379-5595
Servidor Web: *www.kdsusa.com*

Kensington Microware, Ltd.
2855 Campus Dr.
San Mateo, CA 94403
Teléfono: 650-572-2700
Fax: 650-572-9675

Soporte técnico: 800-535-4242
Servidor Web:
www.kensington.com

Kingston Technology Corp.
17600 Newhope St.
Fountain Valley, CA 92708
Teléfono: 714-435-2600
Fax: 714-438-1820
Ventas: 714-437-3334
Soporte técnico: 800-435-0640
Servidor Web: *www.kingston.com*

Knowledge Adventure, Inc.
1311 Grand Central Ave.
Glendale, CA 91201
Teléfono: 818-246-4400
Fax: 818-246-4032
Soporte técnico: 818-246-4811
Servidor Web: *www.adventure.com*

Koss Corp.
4129 N. Port Washington Ave.
Milwaukee, WI 53212
Teléfono: 414-964-5000
Fax: 414-964-8615
Servidor Web: *www.koss.com/*

Kyocera Electronics, Inc.
100 Randolph Rd.
Somerset, NJ 08875-6727
Teléfono: 908-560-3400
Fax: 908-560-8380
Servidor Web: *www.kyocera.com*

L

Labtec Enterprises, Inc.
3801 109th Ave., Suite J
Vancouver, WA 98682
Teléfono: 360-896-2000
Fax: 360-896-2020
Soporte técnico: 360-896-2000
Servidor Web: *www.labtec.com*

Landmark Systems Corp.
8000 Towers Crescent Drive
Vienna, VA 22182
Teléfono: 703-902-8000

Fax: 703-893-5568
Servidor Web: *www.landmark.com*

Lexmark International, Inc.
740 New Circle Rd., NW
Lexington, KY 40511-1876
Teléfono: 606-232-2249
Fax: 606-232-2403
Ventas: 800-438-2468
Soporte técnico: 606-232-3000
Servidor Web: *www.lexmark.com*

Linksys
16811-A Millikan Ave
Irvine, CA 92714
Teléfono: 714-261-1288
Fax: 949-261-8868
Ventas: 800-546-5797
Soporte técnico: 949-261-1288
Servidor Web: *www.linksys.com/*

Lucas Learning Ltd.
PO Box 10667
San Rafael, CA 94912
Servidor Web:
www.lucaslearning.com

Lucent Technologies, Inc.
600 Mountain Ave
Murray Hill, NJ 07974-0636
Teléfono: 317-322-6848
Servidor Web: *www.lucent.com/*

Lycos, Inc.
500 Old Connecticut Path
Framingham, MA 01701-4576
Teléfono: 508-424-0400
Servidor Web: *www.lycos.com/*

M

Macromedia, Inc.
600 Townsend St., Ste. 310 W
San Francisco, CA 94103-4945
Teléfono: 415-252-2000
Fax: 415-626-0554
Ventas: 800-945-9085
Soporte técnico: 415-252-2080

Servidor Web:
www.macromedia.com

Maxtor Corp.
211 River Oaks Pkwy.
San Jose, CA 95134-1913
Teléfono: 408-432-1700
Fax: 408-432-4510
Soporte técnico: 800-262-9867
Servidor Web: *www.maxtor.com/*

Micrografx, Inc.
1303 E. Arapaho Rd.
Richardson, TX 75081
Teléfono: 972-234-1769
Fax: 972-234-2410
Ventas: 888-216-9281
Soporte técnico: 972-234-2694
Servidor Web:
www.micrografx.com

Micron Technology, Inc.
8000 S. Federal Way, P.O. Box 6
Boise, ID 83707-0006
Teléfono: 208-368-4000
Fax: 208-368-4435
Servidor Web: *www.micron.com*

Microsoft Corp.
One Microsoft Way
Redmond, WA 98052-6399
Teléfono: 425-882-8080
Fax: 425-936-7329
Servidor Web: *www.microsoft.com*

Microtek Lab, Inc.
3715 Doolittle Dr.
Redondo Beach, CA 90278-1226
Teléfono: 310-297-5000
Fax: 310-297-5050
Ventas: 800-654-4160
Soporte técnico: 310-297-5100
Servidor Web: *www.mteklab.com*

MidWest Micro
6910 State Route 36
Fletcher, OH 45326
Teléfono: 937-368-3862
Fax: 800-562-6622
Ventas: 800-626-0544

Soporte técnico: 800-262-6622
Servidor Web: *www.mwmicro.com*

Minolta Corp.
101 Williams Dr.
Ramsey, NJ 07446-1293
Teléfono: 201-825-4000
Fax: 201-818-3240
Soporte técnico: 201-934-5298
Servidor Web: *www.minolta.com*

Mitsubishi Electric PC Division
3500 Parkside, Birmingham
Business Park
Birmingham, B37 7YS UK
Teléfono: 44-21-717-7171
Fax: 44-21-717-3903
Servidor Web:
www.mitsubishi-computers.com

Mitsumi Electronics Corp., Inc.
6210 N. Beltline Rd., Ste. 170
Irving, TX 75063
Teléfono: 214-550-7300
Fax: 214-550-7424
BBS: 415-691-4469
Soporte técnico: 415-691-4465
Servidor Web: *www.mitsumi.com*

Motorola, Inc.
1303 E. Algonquin Road
Schaumburg, IL 60196
Teléfono: 847-576-5000
Servidor Web: *www.mot.com/*

N

National Semiconductor Corp.
2900 Semiconductor Dr., PO Box 58090
Santa Clara, CA 95052-8090
Teléfono: 408-721-5000
Fax: 408-739-9803
Soporte técnico: 800-272-9959
Servidor Web: *www.national.com*

NCR Corp.
1700 South Patterson Boulevard
Dayton, OH 45479-0001
Teléfono: 513-445-5000

Fax: 513-445-4184
Ventas: 800-637-2600
Servidor Web: *www.ncr.com*

NEC Computer Systems Division
1414 Massachusetts Ave.
Boxborough, MA 01719-2298
Teléfono: 508-264-8000
Fax: 508-264-8673
Ventas: 888-863-2669
Servidor Web:
www.nec-computers.com

Net Nanny Software International Inc.
525 Seymour Street, Suite 108
Vancouver, BC VB6 3H7 CAN
Teléfono: 604-662-8522
Fax: 604-662-8525
Servidor Web: *www.netnanny.com/*

Nokia, Inc.
2300 Valley View Lane, Suite 100
Irving, TX 75062
Teléfono: 972-257-9880
Fax: 972-257-9831
Servidor Web: *www.nokia.com*

Novell, Inc.
122 East 1700 South
Provo, UT 84606-6194
Teléfono: 801-429-7000
Fax: 801-429-5155
Soporte técnico: 800-638-9273
Servidor Web: *www.novell.com*

Number Nine Visual Technology Corp.
18 Hartwell Ave.
Lexington, MA 02421-3141
Teléfono: 781-674-0009
Fax: 781-869-7190
Soporte técnico: 781-869-7214
Servidor Web: *www.nine.com*

O

Okidata
532 Fellowship Rd.
Mt. Laurel, NJ 08054

Teléfono: 609-235-2600
Fax: 609-778-4184
Soporte técnico: 800-654-3282
Servidor Web: *www.okidata.com*

Olympus America Inc.
Two Corporate Center Dr.
Melville, NY 11747-3157
Teléfono: 516-844-5000
Fax: 516-844-5262
Servidor Web:
www.olympusamerica.com/home.html

Oracle Corp.
500 Oracle Pkwy.
Redwood Shores, CA 94065
Teléfono: 415-506-7000
Fax: 415-506-7200
Ventas: 800-ORACLE-7
Soporte técnico: 415-506-1500
Servidor Web: *www.oracle.com*

P

Packard Bell NEC, Inc.
One Packard Bell Way
Sacramento, CA 95828-0903
Teléfono: 916-388-0101
Fax: 916-388-5459
Soporte técnico: 801-579-0160
Servidor Web: *www.packardbell.com*

Paradyne Corp.
8545 126th Ave. North
Largo, FL 33773
Teléfono: 813-530-2000
Fax: 813-530-2103
Servidor Web: *www.paradyne.com*

Peachtree Software, Inc.
1505 Pavilion Place
Norcross, GA 30093
Teléfono: 770-564-5700
Fax: 770-564-5888
Ventas: 800-247-3224
Soporte técnico: 770-279-2099
Servidor Web: *www.peachtree.com/*

Pinnacle Micro, Inc.
19 Technology Dr.

Irvine, CA 92618
Teléfono: 714-789-3000
Fax: 714-789-3150
Soporte técnico: 714-789-3200
Servidor Web:
www.pinnaclemicro.com/

PKWare Inc.
9025 N. Deerwood Dr.
Brown Deer, WI 53223-2480
Teléfono: 414-354-8699
Fax: 414-354-8559
Servidor Web: *www.pkware.com/*

Proxima Corp.
9440 Carroll Park Dr.
San Diego, CA 92121-2298
Teléfono: 619-457-5500
Fax: 619-457-9647
Soporte técnico: 800-447-7692
Servidor Web: *www.prxm.com/*

Q

QMS, Inc.
One Magnum Pass,
PO Box 81250
Mobile, AL 36689-1250
Teléfono: 334-633-4300
Fax: 334-633-0013
Ventas: 800-523-2696
Soporte técnico: 334-633-4500
Servidor Web: *www.qms.com*

Quantum Corp.
500 McCarthy Blvd.
Milpitas, CA 95035
Teléfono: 408-894-4000
Fax: 408-894-3218
Soporte técnico: 800-826-8022
Servidor Web: *www.quantum.com*

R

RadioShack
1500 One Tandy Center
Fort Worth, TX 76102
Teléfono: 817-415-3200

Fax: 817-415-3240
Servidor Web: *www.radioshack.com*

Random House Reference
280 Park Avenue
New York, NY 10017 USA
Teléfono: 212-751-2600
Fax: 212-572-4997
Ventas: 800-733-3000
Soporte técnico: 800-726-0600
Servidor Web:
www.randomwords.com

Ricoh Corp.
3001 Orchard Parkway
San Jose, CA 95134
Teléfono: 408-954-5464
Fax: 408-954-5466
Servidor Web: *www.ricoh.com*

S

Samsung Electronics America, Inc.
105 Challenger Rd.
Ridgefield Park, NJ 07660-0511
Teléfono: 201-229-4000
Fax: 201-229-4110
Ventas: 800-656-2785
Soporte técnico: 800-726-7864
Servidor Web: *www.sosimple.com*

Seagate Software Inc.
920 Disc Drive
Scotts Valley, CA 95067
Teléfono: 408-438-6550
Fax: 408-438-7612
Servidor Web:
www.seagatesoftware.com

Seagate Technology, Inc.
920 Disc Dr.
Scotts Valley, CA 95067-0360
Teléfono: 408-438-6550
Fax: 408-438-7852
Ventas: 408-438-8111
Soporte técnico: 408-438-8222
Servidor Web: *www.seagate.com*

Sharp Electronics Corp.
PO Box 650, Sharp Plaza

Mahwah, NJ 07430-2135
Teléfono: 201-529-8200
Fax: 201-529-8413
Ventas: 800-993-9737
Soporte técnico: 800-237-4277
Servidor Web: *www.sharp-usa.com*

Sierra On-Line, Inc.
3380 146th Place, SE
Bellevue, WA 98102
Teléfono: 425-649-9800
Fax: 425-641-7617
Ventas: 800-757-7707
Soporte técnico: 425-644-4343
Servidor Web: *www.sierra.com*

Simple Technology, Inc.
3001 Daimler St
Santa Ana, CA 92705
Teléfono: 714-476-1180
Fax: 714-476-1209
BBS: 714-476-9034
Soporte técnico: 800-367-7330
Servidor Web: *www.simpletech.com*

SMC Networks Inc.
350 Kennedy Dr.
Hauppage, NY 11788
Teléfono: 516-435-6000
Fax: 516-273-1803
Servidor Web: *www.smc.com*

Sony VAIO Direct
3300 Zanker Road
San Jose, CA 95134
Servidor Web:
http://vaiodirect.sel.sony.com/

Starfish Software
1700 Green Hills Rd.
Scotts Valley, CA 95066
Teléfono: 408-461-5800
Fax: 408-461-5900
Ventas: 888-782-7347
Servidor Web:
www.starfishsoftware.com

Symantec Corp.
10201 Torre Ave.
Cupertino, CA 95014-2132
Teléfono: 408-253-9600

Fax: 408-252-4694
Ventas: 800-453-1193
Soporte técnico: 415-892-1424
Servidor Web: *www.symantec.com*

SyQuest Technology, Inc.
47071 Bayside Pkwy.
Fremont, CA 94538
Teléfono: 510-226-4000
Fax: 510-226-4100
Ventas: 510-226-4150
Soporte técnico: 510-226-4000
Servidor Web: *www.syquest.com*

T

Tahoe Peripherals, Inc.
760 Margrave Drive Suite 100
Reno, NV 89502-3522
Teléfono: 702-823-2222
Fax: 702-823-2200
Servidor Web:
www.tahoeperipherals.com

Targus Inc.
6180 Valley View Street
Buena Park, CA 90620
Teléfono: 714-523-5429
Fax: 714-523-0153
Soporte técnico: 714-523-5429
Servidor Web: *www.targus.com/*

TEAC America, Inc.
7733 Telegraph Rd.
Montebello, CA 90640
Teléfono: 213-726-0303
Fax: 213-727-7652
Servidor Web: *www.teac.com*

Tektronix, Inc.
PO Box 1000, 26600 Southwest
Pkwy.
Wilsonville, OR 97070-1000
Teléfono: 503-685-2291
Fax: 503-682-2980
Servidor Web: *www.tek.com*

Texas Instruments, Inc.
135000 N. Central Expwy.
Dallas, TX 75243

Teléfono: 214-995-2011
Fax: 214-995-4360
Servidor Web: *www.ti.com*

Twinhead Corp.
48295 Fremont Blvd.
Fremont, CA 94538
Teléfono: 510-492-0828
Fax: 510-492-0820
Servidor Web: *www.twinhead.com/*

Tyan Computer Corporation
1753 South Main Street
Milpitas, CA 95035
Fax: 408-956-8044
Ventas: 408-956-8000
Soporte técnico: 408-935-7884
Servidor Web: *www.tyan.com*

U

UMAX Technologies, Inc.
3353 Gateway Blvd.
Fremont, CA 94538
Teléfono: 510-651-8883
Fax: 510-651-8834
Soporte técnico: 800-468-8629
Servidor Web: *www.umax.com*

V

Verbatim Corp.
1200 W. T. Harris Blvd.
Charlotte, NC 28262
Teléfono: 704-547-6500
Fax: 704-547-6609
Ventas: 800-759-3475
Servidor Web:
www.verbatimcorp.com/

ViewSonic Corp.
20480 E. Business Pkwy.
Walnut, CA 91789
Teléfono: 909-869-7976
Fax: 909-869-7958
Ventas: 909-869-7976
Servidor Web: *www.viewsonic.com*

Visio Corp.
520 Pike Street, Suite 1800
Seattle, WA 98101-4001
Teléfono: 206-521-4500
Fax: 206-521-4501
Soporte técnico: 206-521-4600
Servidor Web: *www.visio.com*

VisionTek
1175 Lakeside Drive
Gurnee, IL 60031
Teléfono: 847-360-7500
Fax: 847-360-7144
Soporte técnico: 800-360-7173
Servidor Web: *www.visiontek.com*

W

Wacom Technology, Corp.
501 S.E. Columbia Shores Blvd.,
Ste. 300
Vancouver, WA 98661
Teléfono: 360-750-8882
Fax: 360-750-8924
Soporte técnico: 800-922-6635
Servidor Web: *www.wacom.com*

Western Digital Corp.
8105 Irvine Center Dr.
Irvine, CA 92718
Teléfono: 714-932-5000
Fax: 714-932-6498
Soporte técnico: 714-932-4900
Servidor Web: *www.wdc.com*

X

Xerox Corp.
100 Clinton Ave.
Rochester, NY 14644

Teléfono: 716-423-5090
Fax: 716-427-5400
Soporte técnico: 800-832-6979
Servidor Web: *www.xerox.com*

Xircom Inc.
2300 Corporate Center Dr.
Thousand Oaks, CA 91320-1420
Teléfono: 805-376-9300
Fax: 805-376-9311
Soporte técnico: 805-376-9200
Servidor Web: *www.xircom.com*

Y

Yahoo! Inc.
635 Vaqueros Avenue
Sunnyvale, CA 94086
Teléfono: 408-328-3300
Servidor Web: *www.yahoo.com*

Z

Zenith Electronics Corp.
1000 Milwaukee Avenue
Glenview, IL 60025
Teléfono: 847-391-7000
Fax: 847-391-7253
Servidor Web: *www.zenith.com/*

Zoom Telephonics, Inc.
207 South St.
Boston, MA 02111
Teléfono: 617-423-1072
Fax: 617-423-9231
Ventas: 800-666-6191
Soporte técnico: 617-423-1076
Servidor Web: *www.zoomtel.com*

Glosario de términos

A

Active desktop Área de trabajo activa. Ésta le permite ver una página Web en la pantalla principal, o "Desktop".

B

Bitmap Tipo de archivo gráfico. Éste se reconoce por tener la extensión BMP.

Boot Proceso que inicia una computadora después de que se le pulsa el botón de alimentación de la corriente.

Byte La unidad más pequeña de almacenamiento con la cual trabaja la computadora. Un byte equivale a una letra o a un punto.

C

Ciber Prefijo que denomina todas las acciones relacionadas con los equipos o con el Internet. Por ejemplo, las cafeterías dotadas de computadoras para que sus clientes puedan navegar en Internet se denominan en algunas partes "Cibercafés".

Click Clic. Se refiere a la acción de pulsar el botón izquierdo del ratón, o "mouse"; dos clics para abrir un programa y un clic para hacer selecciones dentro de un programa.

Client Cliente. Es una computadora que se conecta a otra central, llamada servidor, o "Server".

Clipboard Es un programa que funciona como un pizarrón electrónico para que los programas para Windows puedan compartir información entre sí, recibiendo la información cuando el usuario de Windows elige copiar ("Copy") o cortar ("Cut"). El contenido del "Clipboard" se pierde cuando se sale de Windows.

Command.com Es el archivo más importante de un sistema operativo. Si la computadora no encuentra este archivo cuando se está prendiendo, se detendrá.

Computer keyboard Tipo de teclado que se usa en una computadora. Éste es muy parecido al de una máquina de escribir; la mayor diferencia en éste es la presencia de teclas de función (como F1).

Cookie   Se denomina así a un archivo almacenado en el disco duro que se utiliza para identificar su computadora o sus preferencias ante un servidor Web remoto. Los "cookies" se utilizan frecuentemente para identificar visitantes a los sitios de Web.

Copy   Es uno de los comandos más útiles de Windows® 95/98/Me. Cuando la computadora recibe la orden de copiar, enviará la selección al "Clipboard" y éste la guardará para ser usada por un programa de Windows.

Copy and Paste   Es la función de copiar y pegar para compartir información en Windows® 95/98/Me y Windows NT®.

CTRL+ALT+DEL   Combinación de teclas que se usa para arrancar la computadora sin tener que usar el botón de encendido. Se usa cuando la computadora deja de responder. Antes de usar esta combinación trate de usar la tecla ESC o la combinación CTRL+C, ya que cuando usa CTRL+ALT+DEL perderá todo el trabajo que hizo hasta la última vez que usó la función de guardar, o "Save".

D

Default   Una configuración predeterminada. Por ejemplo, el doble clic es una de las configuraciones predeterminadas en Windows 98.

Desktop   El área de trabajo en la pantalla de una computadora.

Device drivers   Programas que le indican a la computadora cómo trabajar con un componente adicional, por ejemplo una unidad CD-ROM.

Device Manager   Programa de Windows 95 que ayuda a administrar los componentes instalados en una computadora.

Dial-Up Networking   Función de Windows que le permite utilizar un módem y la línea telefónica con el fin de conectarse a una red o a otra computadora.

Download   La acción de bajar archivos utilizando un navegador, desde un servidor Web a su disco duro.

E

ENTER   Tecla que se usa al final de todos los comandos para enviar la orden a la computadora.

ESC   Tecla que se usa para regresar al recuadro anterior con el cual estaba trabajando.

F

FAT   File Allocation Table (FAT). Un método utilizado por los sistemas operativos para llevar el récord de los sitios en los cuales se guardan los archivos en el disco duro.

FAT 32   Éste es el tipo de FAT que está disponible a los usuarios de Windows 98, y su principal ventaja es la de permitirle guardar mayor cantidad de información en un disco duro.

Fax modem Tipo de módem que le permite enviar y recibir faxes directamente en su computadora.

File Es una colección de bytes que conforman un archivo que puede contener desde una carta a una presentación de negocios o a una foto de una ciudad.

Floppy disk Discos flexibles de bajo costo, lo que los hace muy útiles para transportar información de un lado a otro.

Floppy disk drive Unidad de discos flexibles.

Folders Este término se usa en plataformas como Windows 95 para referirse a directorios.

Format Comando que se usa para preparar discos flexibles, y también el mismo disco duro, para ser usados por el sistema operativo. "Format" borra al mismo tiempo que prepara.

Function keys Teclas que automatizan el uso de una computadora. Por ejemplo, cuando usa la tecla F1, el programa abre el recuadro de ayuda.

G

GB O gigabyte, unidad de medida que equivale a mil megabytes.

H

Hard drive Disco duro. Es la unidad de almacenamiento más rápida y de mayor capacidad que viene con una computadora personal.

Hardware Este término se refiere al conjunto de partes metálicas o de plástico que componen una computadora personal.

Hourglass Símbolo semejante a un reloj de arena, el cual indica que la computadora está realizando una tarea, como por ejemplo guardar o imprimir un documento.

HTTP Abreviatura para el protocolo de transferencia de hipertexto, o sea, el protocolo en el cual se basa la tecnología de World Wide Web. HTTP define el conjunto de reglas que gobiernan el software que transporta los documentos HTTP a través del Internet.

I

Icon Una imagen o símbolo que representa un programa, un disco duro, un archivo, un archivo u otro objeto del sistema.

Internet Se llama así a una gran red de equipos compuesta de multitud de redes más pequeñas. Cuando este término está escrito en mayúscula se refiere a la red física que compone el Web y que hace posible el correo electrónico.

Intranet Red privada dentro de determinada organización. Utiliza protocolos de Internet para la transferencia de contenidos, aunque frecuentemente está protegida contra el acceso desde el Internet mediante servidores de seguridad.

ISP Abreviatura para denominar un proveedor de servicio de Internet, un servicio que proporciona el acceso al Internet a organizaciones y usuarios individuales.

L

Local Area Network (LAN) Un grupo de computadoras conectadas una con la otra.

Log on El hecho de identificarse para entrar a una computadora. Para este fin usted debe generalmente utilizar un nombre y una contraseña.

M

MB O megabyte, unidad de medida que equivale a un millón de bytes. En un millón de bytes se pueden guardar 500 páginas de texto.

Modem Sigla de modulador/demodulador. Dispositivo de hardware que conecta a varios equipos entre sí o con el Internet a través de redes telefónicas estándar o a través de una línea LSDN (RDS). El módem puede ser interno, externo o incorporado a un equipo.

Mouse Indicador del ratón. Generalmente representado por una flecha que aparece en su pantalla y se controla moviendo el ratón. Este indicador se utiliza

para trabajar con los diferentes menús, símbolos y otros objetos que aparecen en la pantalla.

Multimedia Cualquier combinación de texto, imágenes, sonido y vídeo.

Multitasking Capacidad de usar varios programas al mismo tiempo.

N

Network Red compuesta de dos o más computadoras conectadas entre sí. Una red se utiliza para compartir recursos como documentos, programas e impresoras.

O

Operating system Sistema operativo. Es el conjunto de instrucciones y archivos que gobiernan todos los aspectos del uso de una computadora personal.

P

Protocol Conjunto de reglas que utiliza una computadora para comunicarse con otra en la misma red.

S

Save Comando para guardar archivos de manera permanente. En la mayoría de los programas este comando es accesible usando la combinación de teclas ALT+S.

Save As Una variación del comando "Save". Se utiliza cuando trabaja con archivos que no debe cambiar. Por regla general use "Save As" y auméntele un número o cámbiele el nombre al archivo con el cual está trabajando para preservar el archivo original si no está completamente seguro de los cambios que está haciendo.

Software Conjunto de instrucciones que la computadora puede entender para realizar tareas específicas, por ejemplo permitirle al operador escribir una carta.

T

TCP/IP Abreviatura del protocolo de control de transmisión y protocolo Internet. Los dos protocolos que gobiernan la manera on que los equipos y las redes administran el flujo de información que pasa a través de Internet.

Toolbar Conjunto de símbolos, o pequeños botones en la pantalla, que se usan haciendo clic sobre ellos para realizar diferentes tareas.

U

Undo Opción para recobrar información que halla sido borrada por equivocación. En Windows esta opción está disponible cuando coloca el ratón a "Edit" y elige "Undo".

W

Window La parte rectangular en una pantalla que exhibe los programas de un archivo o un disco. Usted puede abrir varias ventanas al mismo tiempo.

Workgroup Conjunto de computadoras, o grupo de trabajo, conectadas a una red, que comparten generalmente los mismos recursos, como impresoras. Una red de trabajo puede estar compuesta por varios grupos de trabajo.

Índice

Sobre el autor

Las computadoras siempre le han fascinado a Jaime Restrepo. Nacido en Colombia, se trasladó con sus padres a los Estados Unidos a muy temprana edad. El tuvo su primer contacto con una computadora en 1980 cuando un hermano mayor trajo a la casa una computadora TSR/80 para ayudarse con sus tareas escolares.

Más tarde, mientras trabajaba como vendedor en Egghead Software, se dio cuenta que el no estaba solo en su busca por una explicación a los conceptos básicos de las computadoras personales sin toda la confusión y la terminología que las rodea.

Restrepo después empezó a vender computadoras en Comp-USA, y muy pronto llego a ser el vendedor numero uno. Fue en este sitio que Restrepo decidió poner su conocimiento para hacer un manual fácil de entender escrito desde el principio en español como una introducción a las computadoras personales.

En 1995, mientras ayudaba a William F. Buckley Jr. con su programa Windows 3.1, Restrepo le mostró su manuscrito. Buckley, que habla muy bien el español, se quedó impresionado, y les presentó a Restrepo a los editores de la casa editorial Random House. El manual es el primer libro de computadoras escrito en español destinado al público hispano publicado por Random House Español.

Jaime Restrepo acaba de terminar su cuarto libro *Computadoras para todos* y además trabaja como asesor de computadoras independiente.